洛阳龙门伊阙之侧的白居易墓。

苏州山塘街山塘街白公桥，以此纪念白居易治理山塘的功绩。（王家伦摄）

苏州城隍庙，正殿后墙有韦应物、白居易、刘禹锡刻像。

苏州甪直保圣寺之侧的诗人陆龟蒙墓。（陆益摄）

苏州虎丘千人石，复社千人大会所在地。

张溥故居

张溥石像

苏州市第五中学校本教材

苏州历史名贤 第三辑

SUZHOULISHIMINGXIAN

史

陆承曜 张长霖 ◎主编

群言出版社
Qunyan Press

序　言

　　苏州市传统文化研究会和苏州市第五中学合作编写的苏州市第五中学校本教材《苏州历史名贤》第三辑即将与大家见面了。这一辑，仍然是由苏州市传统文化研究会和苏州市第五中学双方分工合作，各写一个专题。苏州市第五中学的老师们继第一辑"清廉篇"集中褒扬了明清时期苏州的廉吏群体况钟、汤斌、陆陇其、张伯行、陈鹏年和第二辑"开辟篇"褒扬了吴文化的开拓者泰伯、虞仲（合传）、季札、言偃、伍子胥、孙武之后，这次撰写了"风雅篇"，集中褒扬了唐代与苏州发生密切关系的著名诗人刘长卿、韦应物、白居易、刘禹锡、皮日休和陆龟蒙（后二人合传）。刘长卿是盛唐至中唐的过渡期的代表诗人；韦应物、白居易、刘禹锡先后担任苏州刺史，因其建树被苏州人称为"三贤"，立祠纪念，并从此有了"苏州刺史例能诗"风雅传说；皮日休与陆龟蒙则是晚唐浑浊乱世中少有的清醒者，也是中国"酬答诗"最杰出的代表作家。让我们的高中生了解他们是很有必要的。而苏州市传统文化研究会的学者们则一如既往续写"丹心篇"，弘扬爱国主义精神。"丹心篇"在第一辑和第二辑中褒扬了历代与苏州有密切关系的仁人志士，计有以"先天下之忧而忧，后天下之乐而乐"的范仲淹、孤臣丹心的郑思肖、忠肝义胆的周顺昌、死而后已的瞿式耜、一代宗师顾炎武、功高盖世的韩世忠、扬天地正气的文天祥、浩气长存的杨廷枢、轰轰烈烈的张国维和舍身为国的林则徐，这第三辑则包括明末清初的爱国志士张溥、归庄、吴日生、陈子龙、夏允彝、夏完淳（父子合传）。第三辑"丹心篇"中记录的几位先贤都既是文人、学者，也是碧血洒长空的感天动地的英雄。他们的光辉事迹对后世无疑有着很好的垂范作用。

《苏州历史名贤》第三辑成书之际，正逢苏州市城区区划变动之际，苏州古城区的沧浪、平江、金阊三区合并为姑苏区，这无疑为苏州这座 2500 多年的古城进行文化遗产保护和文化传承创造了有利条件。苏州正在进行历史街区的保护工作和古城墙的部分修复工作，因为文化传承需要"物"，我们的文化遗存是不可再生的资源。同时，文化传承更重要的是"人"，即文化的传承者。没有一批批文化传承者，文化传承就是一句空话。自 2007 年苏州市传统文化研究会与苏州市第五中学签约共建"传统文化进校园"以来，双方一直在为培养文化传承者而踏踏实实地努力着，三辑《苏州历史名贤》就是他们步履坚实的脚印。苏州市第五中学正是通过校本选修课、研究性学习、语文现场课、省市级科研课题等平台，依托本校区位优势，借助苏州市传统文化研究会等社会专家力量，为培养新一代文化传承者做出了自己的贡献。前两辑《苏州历史名贤》已经在校本选修课上多轮使用，并取得了良好的反响，相信第三辑同样将会收到良好的效果。

　　苏州市第五中学地处石路历史街区，这是我们苏州市区乃至苏南办新学历史最长的江南名校，自1892年在葑门创办以来，已经走过整整120个年头，即从1911年迁入现址以来也已经超过了100个年头。苏州市第五中学的前身萃英中学被民国教育部长王世杰赞誉为"苏校先河"，被民国元老叶楚伧誉为"尽东南之美"，苏州市第五中学的另一前身，著名爱国将领张治中先生创办的圣光中学被世人誉为"中国的伊顿公学"。这是一所真正的历史名校。历史名校与文化传承，应该是血脉相连的，也是天作之合。今年正逢苏州市第五中学建校120周年华诞，这本《苏州历史名贤》第三辑正是送给华诞大庆的一份礼物。

　　祝历史名校苏州市第五中学明天更辉煌。

蔡镜浩

2012 年 9 月

目 录

丹心篇

风雅篇

风雪夜归人

——"五言长城"刘长卿

日暮苍山远，

天寒白屋贫。

柴门闻犬吠，

风雪夜归人。

——远景有苍山，近景有白屋，诗里面有动态，也有静景，写到了人，还写到了动物，可以说是意境清远，浑然一体，令人读后印象深刻难以忘怀，所以后世的很多人都高度评价这首诗。明末一个叫着唐汝询的大诗人，就说这首诗是"凄绝千古"，好的不得了。

这首诗题目是《逢雪宿芙蓉山主人》，作者为唐人刘长卿。

刘长卿，字文房，唐朝著名诗人。

据说刘长卿恃才傲物，蔑视权贵，对自己的才华非常自负，每次写诗落款从不写姓，只写"长卿"二字，自认为天下无人不识刘长卿。《秦徵君校书与刘随州唱和诗序》中记载："夫彼汉东守尝自以为'五言长城'。"这个"汉东守"，指的就是刘长卿了，而这句话的意思就是说，他刘长卿自称为"五言长城"。

那么这"五言长城"究竟说的是什么意思呢？有人说是指他五言中的长篇，犹如长城一般长并且坚固；也有人说是指他的五言近体诗，也就是五言绝句和五言律诗，因为他的五言古体写得还不够好。这样说的话，那他就应该称自己为"五言短城"了，因为近体诗都很短，顶破天五十几个字。当然，至于答案究竟是什么，这得去问他刘长卿了。但无论如何，这都不是一句自谦的话。

无疑，刘长卿是个才子，而且以才自傲。不过，也许是应了所谓的"文章憎命达"，诗人一般都命运坎坷，大都不得志，不然这诗恐怕也就写不出来了，刘长卿的一生也是如此。

刘长卿可以说是由盛唐向中唐过渡的一位杰出诗人，可是关于他的生卒年份却一直都搞不清楚，《新唐书》和《旧唐书》上都没有他的传记。诗人兼学者的闻一多先生将其生年定为公元 709 年，而著名学者傅璇琮先生则认为应该是公元 710 年左右或者公元 725 年左右；他死那年，一般都认为在公元 789 年到公元 791 年之间。这样一算，刘长卿最短活了六十四岁，最长那就活了八十二岁了。也就是说，刘长卿历经了玄宗、肃宗、代宗和德宗四个朝代。

非但他的生卒年份搞不清楚，就连他的家世背景也很难了解。有人说他是河间人，也就是今天的河北省河间市人；另有一种说法是宣城人，也就是今天的安徽省宣州市人。现在只知道他出生在洛阳，年轻时曾在嵩山读书，学成之后，就去参加科举考试了，毕竟对于古代的文人来说，这读书科举是唯一的出路。

关于他是何时中进士的，说法也不一致。《唐才子传》上说，他是开元二十一年进士及第的；而根据后世人的考证，他应该是唐玄宗天宝年间进士及第的才对，并且在不久之后，就爆发了"安史之乱"。刘长卿可真够倒霉的。

唐肃宗至德年间，他出任了监察御史、长洲县尉等职。这个长洲县，当时隶属于苏州府管辖，这就跟我们苏州结缘了。

三十多岁时才做到了八品长洲尉的刘长卿，刚上任不久，就被别人告了黑状，说他贪污国家公款，随即被关进了监狱。幸亏他的朋友大力营救，只坐了几个月的牢就被释放了，但被贬到偏远的潘州南巴任九品的县尉。这个南巴就在今天的广东省电白县，在唐朝是一个偏远荒芜的地方。

刘长卿灰头土脸地从苏州出发，准备前往岭南的南巴县出任县尉一职。巧的是，竟在这途中遇到了我们的大诗仙李白，只不过一个是被贬，一个却是遇赦放还。这时候的李白遇赦从白帝城归来，心情愉快地高歌着："朝辞白帝彩云间，千里江陵一日还。"当时的刘长卿正情绪低落，他在赠送李白的诗中写道："谁怜此别悲欢异？万里青山送逐臣。"其悲观的心情一目了然。从此，两个命运坎坷的诗人成了交往甚密的好朋友。

其实，除了李白，在这途中，他还遇见了一个人，这个人就是裴郎中。当时他也被贬了，也正赶往被贬地吉州呢，也就是今天的江西省吉安市。相对于李白而言，这个裴郎中可以说是与刘长卿同病相怜了，所以刘长卿还特地写了一首诗送给他，诗中充满了同情与理解，这就是刘长卿的七绝代表作《重送裴郎中贬吉州》——

猿啼客散暮江头，
人自伤心水自流。
同作逐臣君更远，
青山万里一孤舟。

诗题"重送"，是因为这以前诗人已写过一首同题的五言律诗。刘长卿、裴郎中曾一起被召回长安又同遭贬谪，同病相怜，发为歌吟，感情真挚动人。

首句描写氛围。猿啼常与悲凄之情相关。何况如今听到猿声的，又是处于逆境中的迁客，纵然不纷纷泪下，也难免要怆然动怀了。日落西山，暮霭沉沉，旅人扬帆，送者星散，此时尚留在江头，即将分手的诗人与裴郎中又怎能不更动情呢？

第二句"人自伤心水自流"，切合规定情景中的地点"江头"。此时日暮客散，友人远去，自己还留在江头，更感到一种难堪的孤独，只好独自伤心了，而无情的流水却只管载着离人不停地远去。

第三句在"远"字前缀一"更"字，自己被逐已经不幸，而裴郎中被贬谪的地方更远，着重写出对方的不幸，从而使同病相怜之情、依依惜别之意表现得更为丰富、深刻。

末句"青山万里一孤舟"与第二句的"水自流"相照应，而"青山万里"又紧承上句"更远"而来，既写尽了裴郎中旅途的孤寂，伴送他远去的只有万里青山，又表达了诗人恋恋不舍的深情。随着孤帆远影在遥望中消失，诗人的心何尝没有随着眼前青山的延伸，与离者一道渐行渐远呢？

——体会一下，刘先生虽然自称"五言长城"，其实他的七言写得也很牛啊。

一年之后，朝廷为刘长卿平反冤假错案，他才又被召回了苏州，并且官复原职。

刘长卿在随后多年里，一直宦海浮沉，终不得志。直到唐代宗大历五年，62 岁的刘长卿官职才略有提升，先后任转运使判官，知淮西、鄂岳转运留后。但是好景不长，他终因为性格刚强，又得罪了鄂岳观察使吴仲孺，又被诬陷为贪赃枉法，再次被投进监狱。这个吴仲孺是大名鼎鼎的汾阳王郭子仪的女婿，而郭子仪又与当今皇帝是儿女亲家。刘长卿得罪了这样的人物，其后果是可想而知的。多灾多难的刘长卿 60 多岁又坐牢了，还是"二进宫"。值得庆幸的是，又有人救了他一把，又把他从监狱里弄出来，才不至于让他这把老骨头扔在监狱里。出来后，刘长卿被贬为睦州（今浙江淳安）司马。

唐德宗建中二年，公元 781 年，73 岁的刘长卿时来运转，终于升任随州（今湖北随县）刺史，也算是一方大员了，说话能算数的，这也是世称他为"刘随州"的由来。

可是三年后，唐兴元元年（公元 784 年），淮西节度使李希烈割据称王，公开叛乱，与唐王朝军队在湖北一带激战，刘长卿万般无奈只得弃官离开随州逃命去了。最后，随州被叛臣李希烈攻占。

唉，要说这刘长卿也真是倒霉，好不容易做了一把自己说了就算的官，却在顷刻之间化为乌有，这真让他哭笑不得。无奈之下，他只好逃到江东避乱，在淮南节度使杜亚的幕府中打杂。

在此后的几年里，他一直呆在繁华的扬州，直至病逝。

以上便是刘长卿一生的大致情况了。

刘长卿一生两次入狱，两次遭到贬谪，在旅居各地期间多次遭到军阀割据的战乱，对人生坎坷，世事多艰和民生饱受战乱之苦都深有感触，所以也成就了他的诗歌笔调苍凉沉郁的时代特色。

虽说刘长卿自诩为"五言长城"，但他的七律其实也很好，被称为中唐之首。清人沈德潜在《唐诗别裁》卷十四里称："七律至随州，工绝亦秀绝矣。"如这首《别严士元》——

春风倚棹阖闾城，水国春寒阴复晴。
细雨湿衣看不见，闲花落地听无声。
日斜江上孤帆影，草绿湖南万里情。
东道若逢相识问，青袍今已误儒生。

严士元是我们苏州人，曾官员外郎。写这首诗的年代和写诗的背景，现在都已无法考证。从诗的内容上看，两人是在苏州偶然重逢，而一晤之后，严士元又要到湖南去，所以刘长卿写诗赠别。

阖闾城就是我们苏州城，春秋末年吴王阖闾筑城于此。从"倚棹"（把船桨搁起来）二字，可以知道这两位朋友是在城外江边偶然相遇，稍作停留。时值春初，南方水乡还未脱去寒意，天气乍阴乍晴，变幻不定。我们寻味开头两句，已经知道两位朋友正在岸上携手徘徊，在谈笑中也提到江南一带的天气了。

三四两句是有名的写景句子。有人说诗人观察入微，下笔精细。话是说得很对，可是我们从另一个角度去看，却似乎看见两人正在席地谈天。因为他们同时都接触到这些客观的景物：笑谈之际，飘来了一阵毛毛细雨，雨细得连看也看不见，衣服却分明觉得微微湿润。树上，偶尔飘下几朵残花，轻轻漾漾，落到地上连一点声音都没有。这不只是单纯描写风景，我们还仿佛看见景色之中复印着人物的动作，可以领略到人物在欣赏景色时的惬意表情。

"日斜江上孤帆影"这句也应该同样理解。一方面，它写出了落日去帆的景色，另一方面，又暗暗带出了两人盘桓到薄暮时分而又恋恋不舍的情景。最后，严士元还是起身告辞了，诗人亲自送到岸边，眼看着解缆起帆，船儿在夕阳之下渐渐远去。七个字同样构成景物、事态和情感的交错复迭。

以下，"草绿湖南万里情"，补充点出严士元所去之地。景物不在眼前了，是在诗人想象之中，但也掺杂着游子远行和朋友惜别的特殊感情。

友人的远去，自然地激起了诗人心底的无限愁绪；因而他的临别赠言，听起来是那样令人心酸：你这回去湖南，如果有相识的人问起我的消息，你就这样回答他吧——"青袍今已误儒生。"这是一句牢骚话。唐代，贞观四年规定，八品九品官员的官服是青色的。上元元年又规定，八品官员服深青，九品官员服浅青。刘长卿当时大概是八九品的官员，穿的是青色袍服。他认为自己当这一员小官，是很失意的，简直是耽误自己的前程了。

诗中的"景语"，既有"春寒阴复晴"的水国气候特征，又有"细雨湿衣"、"闲花落地"的眼前景象，还有"草绿湖南"的想象之景，几个层次中，情、景、事同时在读者眼前出现，寄托了与友人相遇而又别离的复杂情思。

这首七律写得很不赖，尤其是这"细雨湿衣看不见，闲花落地听无声"两句，那更是妙，在 2007 年还被选为了北京市的高考作文题目呢！

说到这里，我们再来品味一下《逢雪宿芙蓉山主人》。

"日暮苍山远"——落日的余晖慢慢隐去，远处的山峦在渐渐浓重起来的雪雾笼罩下，朦朦胧胧，显得愈发遥远。出外已经多日，今天该是回家的日子了，可眼看着黑夜将临，大雪封山，在外奔波的人还是没有回还，怎能不让家人牵挂担心呢？

"天寒白屋贫"——大雪覆盖，山中人家的房子一片白色；天气寒冷，屋内的生活用品却非常的少。看着眼前的贫寒之情状，家里人又对在外奔波的人寄予了一种希望，祈盼他快快归来，带回令人高兴的消息，带回抵御风寒的食品和衣物。

等着盼着，夜深了，外面的风一会比一会急，雪一会比一会大，家人的心揪得更紧了。

"柴门闻犬吠"——就在这久久的期盼中，看门的小狗"汪！汪！"地叫了起来。人，回来了！深山之中、贫寒之家，应该有一个不倒的精神支柱。人的真情在最需要的时候付出，才是它的真正价值所在；在最需要的时候经受住考验，方能显出它的珍贵。

"风雪夜归人"——不畏山高雪深、天黑路险，依然如期回到家中，这给人以多么大的鼓舞啊！即便是没有带回家中急需的食品衣物，一家人仍十分高兴：人回来了，比什么都好。能在风雪弥漫的深夜赶回家中，说明他和家人的心情一样，他知道家人在焦急地等待，天黑、风高、雪大、路险，他都不怕。因为思归盼归的殷殷亲情就像一盏指路明灯，照亮了他回家的路。

"日暮苍山远，天寒白屋贫"在表现手法上是由远及近，景物的展开极富层次性，为后面"风雪夜归人"的出场创设了一个蕴含丰富、苍凉凄美的意境。同时这两句对仗工整，既让人在咏之难忘的回味中领略到宏丽博约的唐风流韵，更给人以堂堂正正做人的潜在主题的巧妙暗示。"天寒白屋贫"与"风雪夜归人"相关，是清冷凄凉境况向热烈温暖氛围的暗中转渡，欲扬先抑艺术辩证法的运用可谓是出神入化、炉火纯青。山高深、路遥远，风雪弥漫，折射的是"风雪夜归人"不畏世态炎凉，不向困难低头，勇于进取、坚忍不拔的顽强意志；衬托的是他笑对逆境，愈挫愈坚，从容不迫的宏大气量。"天寒"加上"屋贫"，再着一个"白"字点化，又反映出

"风雪夜归人"贫贱不能移，抱定操守不为荣华富贵所动，一尘不染的高洁品性。

这，应该就是刘长卿自己的写照吧。

刘长卿一生起伏不定的人生经历，给了他一笔不可或缺的财富。他将对精神世界里的犀利洞察和对人生别样的体味，散漫而亲切地在或优美或深邃的文字中展现，展现一个大我。无论是在任职期间，还是在贬谪泛舟于江湖的舟楫上，他都是那么形神兼备地给我们凸现出伟大的人格魅力，叫人不由自主地升腾起钦佩和敬仰。

才子的性格，往往是美好而脆弱，温柔而易伤。虽然他的诗中常出现平和辽远、淡泊宁静的意境，但其背后掩藏着的其实仍是内心的失落与彷徨。对事业、理想、社会的失望反而使他贴近了自然，对山水景物有了更细致的观察与体验，对表现这些内容的语言技巧有了更准确与成熟的理解，所以他的笔下有不少具有艺术魅力的诗篇。

> 日暮苍山远，
> 天寒白屋贫。
> 柴门闻犬吠，
> 风雪夜归人。

——多么干净优美的文字，多么幽远清明的意境，然而，也弥漫着一层难以言说的冷漠寂寥的情思，一股浓重的衰飒索寞之气，扑面而来。

刘长卿，在我心目中，就是这样的一个"风雪夜归人"。

（撰稿人　胡健）

附录：
翁方纲《石洲诗话》卷二

自钱、刘以下，至韩君平辈，中唐诸子七古，皆右丞调也，全与杜无涉。刘宾客诗品，无论钱、刘、柳，尚在郎君胄、韩君平之下。

刘随州《龙门八咏》，体清心远。后之分题园亭诸景者，往往宗之。

随州七律，渐入坦迤矣。坦迤同一往易尽，此所以启中、晚之滥觞也。随州只有五古可接武开、宝诸公耳。钱仲文七律，平雅不及随州，而撑架处转过之。

盛唐之后，中唐之初，一时雄俊，无过钱、刘。然五言秀艳，固足接武；至于七言歌行，则独立万古，已被杜公占尽，仲文、文房皆沿右丞馀波耳。然却亦渐于转调伸缩处，微微小变。诚以熟到极处，不得不变，虽才力各有不同，而源委未尝不从此导也。

春潮带雨

——韦应物传

唐德宗贞元八年（公元 792 年）。苏州无定寺。客舍。

一位形容清癯的老者焚香独坐，他神情萧然，望之似有出尘之姿。此刻的他尽管心底一片宁静，却已经知道自己走到了人生的尽头。他忽然那样地想念自己的故乡长安，但是关山万里，两袖清风而又贫病交加的他已经再也回不到那遥远的故乡了。

他就是卸任的苏州刺史韦应物，清贫的他无力回长安候选，只能寄寓无定寺。

国家还是多事之秋，这一年吐蕃骚扰泾州，幸亏有强悍的韦皋反击，打败了吐蕃军。这一年藩镇不安分，宣武军节度使刘玄佐死后，部下擅自拥立其子刘士宁为"留后"，朝廷只能承认事实，任命刘士宁为节度使；平卢节度使李纳死，其子李师古自立，朝廷又认可了；王武俊与李师古互攻，朝廷做和事佬；卢龙节度使刘济击败其弟夺瀛洲。宦官也不安分，左神策军监军宦官窦文场夺神策兵权，开了宦官统兵的先例……但是，这些似乎与韦应物离得很远了。

这个天才的诗人，这个行将走到人生尽头的老人，他的脸上浮起了一丝微笑，一丝温馨。他陷入了自己的回忆中。

浪子回头

韦氏，在唐代是一个显赫的门第。在唐代，出了那么多姓韦的宰相和皇后。韦应物这一支虽不是最显赫的，但是韦应物清楚记得，他的高祖韦挺做过刑部尚书、御史大夫、黄门侍郎这样的高官。墓志铭还是韦应物亲手写的。他的曾祖韦待价，在武则天的"大周"时担任过宰相，更是显赫一时。墓志铭也是韦应物亲手写的。祖父韦令仪做过梁州都督，也是正三品的大员。只是醉心书画艺术的父亲韦銮只做了宣州司法参军这样从七品的小官，实在是志不在此。于是宰相之后的韦应物十五岁就成为"右千牛"的一员，第二年又为"三卫"的"执戟郎"，成了嚣张的禁卫军的一员。这一年是玄宗皇帝天宝九年。从此长安城多了一个叫人头疼的小霸王。

这是一段极其荒唐的岁月，一群家境富庶的权贵子弟呼朋唤友，整天无所事事，斗鸡走狗，声色犬马，惹是生非，简直就是长安市上的祸害。尽管事情已经过去四十余年，想到这些，韦应物还感到脸上一阵阵火辣辣地发烧。

记得那天，几个浑小子都喝醉了，见到邻家办喜事，不禁起了恶作剧的念头。于是血气之勇的韦应物充当了主角。一个坏小子到办喜事人家的后院放火，而韦应物则趁乱越墙进入新房偷走了新娘。那新娘子无助而恐惧的面孔，叫这帮浑小子好一阵莫名的心跳。

多年后，韦应物想起自己干过的这件坏事，还充满了悔恨。他在《逢杨开府》中这样写道：

"少事武皇帝，无赖恃恩私。身作里中横，家藏亡命儿。朝持樗蒲局，暮窃东邻姬。司隶不敢捕，立在白玉墀。……"诗歌写道：年轻时依仗着皇帝近臣的恩宠，尽干些横行里中的不法的事情，一天到晚不是赌博打架就是玩女人，但是没有官吏敢管这些不法徒。可见这是何等荒唐的少年。

但是，荒唐的少年在某一天吓坏了，似乎天塌了下来。

天宝十五年（公元 756 年）正月，众人预料必反而玄宗皇帝以为必不反的安禄山称帝。但是乐观的长安人依然以为这个跳梁小丑不足以撼动强大的唐皇朝。出人意料的是，六月，安禄山叛军军锋直扣潼关。至此，长安人还是不相信天险潼关会失守。然而，潼关守将名将高仙芝、封常清被杨国忠的几句谗言送上了断头台，半身不遂的名将哥舒翰被逼着仓促出战，全军覆没。唐玄宗率皇室仓皇出逃。于是，荒唐少年也匆匆随着禁卫军逃离长安。

荒唐的岁月结束了。

玄宗天宝十五年（公元 756 年）六月，二十岁韦应物随三卫拱卫皇室退出长安。同年八月，在京兆府昭应县成婚，夫人是出身河南名门的元苹，是年十六岁。元苹字佛力，是北魏昭成皇帝之后裔，尚书吏部员外郎元挹的长女。知书达理，能诗善文，有着极高的文化修养。也许正是这位元氏夫人的到来，让韦应物的人生轨迹发生了根本的变化。长安收复后，韦应物进入太学读书。一个飞扬跳荡的豪侠少年华丽地转身成为温文尔雅的儒生，也就是这时开始，韦应物开始诗歌创作。正如他在《逢杨开府》中写的："……一字都不识，饮酒肆顽痴。武皇升仙去，憔悴被人欺。读书事已晚，把笔学题诗。……坐客何由识，唯有故人知。"诗中说当时自己一个大字都不认得，除了喝酒什么事情也不会干，只能被人欺负。于是发奋读书，哪怕已经错过了最好的读书岁月，还是一切从头开始，学着写诗作文。

游宦四方

唐代宗广德元年（公元763年）深秋，二十七岁的韦应物正式步入官场，做了洛阳县丞，开始了他近三十年的游宦生涯。这将近三十年中，大多担任地方官，游走于四方。

韦应物担任洛阳县丞两年后改任河南兵曹，这一年韦应物二十九岁。也正是这个血气方刚的年纪，让韦应物勇敢地做出惩办不法军士的举动来。

在那个四处战乱的年代，骄兵悍将随处可见，一般的地方官只能忍气吞声。但是韦应物没有。韦应物毅然把骚扰城市的骄兵抓起来，游街示众，以儆效尤。这下子捅了马蜂窝，被护短的悍将恶人先告状，与韦应物无休无止地打起官司来。当时地方官员都怕与骄兵悍将打交道，于是就压制韦应物。性情高傲的韦应物不耐这样的纠缠，愤而辞官。在洛阳闲居一阵后，韦应物回到了故乡长安。

造化弄人，当年嚣张不法的禁军小无赖，今天竟然为了惩治不法军士而弃官，冥冥中似有果报。

这是一段悠闲的日子，性情恬淡的韦应物读读佛经，看看山水，写写诗，会会友。也许这才是韦应物想要的生活。

但是，为了稻粱谋，韦应物又出仕了。

唐代宗大历九年（公元 774 年），38 岁的韦应物出任正七品下的京兆府功曹。代宗大历十一年（公元 776 年），40 岁的韦应物出任正七品上的朝清郎。是年九月夫人元苹卒，十一月葬。代宗大功十三年（公元 778 年）秋，42 岁的韦应物为户县令。代宗大历十四年（公元 779 年）六月，韦应物自户县令除栎阳县令，七月以疾辞官，在长安闲居一年。德宗建中二年（公元 781 年）四月，迁从六品上的尚书比部员外郎。德宗建中四年（公元 783 年）夏，47 岁的韦应物由尚书比部员外郎领正四品下的滁州刺史，是年秋到任。这是韦应物担任地方高级长官的开始。此后历任江州刺史、苏州刺史，所到之处皆有政绩可道。

滁州虽然地处长江以北，但是风景秀美，人物风雅。就像后世欧阳修说的："环滁皆山也。"滁州近郊的琅琊山更是自古闻名的皖东胜景，山川秀丽，林泉幽美。琅琊山，古称摩陀岭，后因东晋开国皇帝司马睿避难于此，司马睿始封琅琊王，故改称"琅琊山"。又名"琅牙山"。琅琊山上有名重一时的琅琊寺，这是大历六年太守李幼卿与山僧法琛法师所建，初名宝应寺。寺中有盛唐名流画圣吴道子所绘观音像，堪称稀世之珍。李幼卿留有五言古体一首，刻石尚存：题琅琊山东峰禅室落成。

> 佛事秋山里，僧堂绝顶边。
> 同依妙乐土，别占净居天。

转壁下林合，归房一径穿。

豁心群壑尽，骇目半空悬。

锡杖栖云湿，绳床挂月圆。

经行蹑霞雨，跬步隔岚烟。

地胜情非系，言志意可传。

凭虚堪逾道，封境自安禅。

每贮归休颠，多惭多深扃。

助君成此地，一到一留连。

韦应物心慕前贤，往往在琅琊山流连忘返。在滁州刺史任满后，韦应物还闲居在滁州西涧半年多，滁州的美好景物给韦应物留下了难忘的印象。在这里，韦应物留下了流传千古的《滁州西涧》：

独怜幽草涧边生，上有黄鹂深树鸣。

春潮带雨晚来急，野渡无人舟自横。

这是怎样一幅幽美的画面啊！碧绿的青草长在涧边，婉转的黄鹂在浓密的树叶深处鸣啭，一夜密雨，早起的潮水分外湍急，无人的渡船被潮水冲得横转。

全诗无人，一派空灵。但是我们可以感受到诗人的内心是孤独的。有人以为这是暗喻"小人在上"则是有点过头了，至少我们感受不到这"黄鹂"是反面形象。

这时的韦应物还留下了《寄全椒山中道士》这样一首诗：

今朝郡斋冷，忽念山中客。

涧底束荆薪，归来煮白石。

欲持一瓢酒，远慰风雨夕。

落叶满空山，何处寻行迹。

此诗末句"落叶满空山，何处寻行迹"这两句，几乎公认为奇特之笔。洪迈说："结尾两句，非复语言思索可到。"（《容斋随笔》）沈德潜说：这两句是"化工笔，与渊明'采菊东篱下，悠然见南山'，妙处不关语言意思。"（《唐诗别裁》）

韦应物的空灵，与他的出尘之想是否有关系呢？我想应该是有的。

中年丧偶

唐代宗大历十一年（公元 776 年）九月韦应物夫人元苹卒，十一月葬。是年韦应物 40 岁，担任正七品上的朝清郎。中年丧偶乃是人生一大惨事，何况韦应物失去的是一位贤内助。

元苹去世时，韦应物的长子韦庆复，乳名玉斧，仅出生数月。小女儿也只有五岁。韦应物抱着几个月的儿子为夫人主持丧礼，其凄凄惶惶的情景可以想见。诚如韦应物给夫人元苹写的墓志铭所言："遗稚绕席，顾不得留。况长未适人，幼方索乳。又可悲者，有小女年始五岁，以其惠淑，偏所恩爱，尝手教书札，口授《千文》。见余哀泣，亦复涕咽。试问知有所失，益不能胜。天乎忍此，夺去如弃。……一男两女，男生数月，名之玉斧，抱以主丧。"

二十多年的患难夫妻，一朝分离，天人永隔。看着襁褓中懵懂的幼儿，看着膝前嗷嗷待哺的幼女，不由得悲从中来。难怪韦应物要悲怆地问一声老天，你怎么就忍心夺走这样一位母亲和妻子呢！

韦应物出生名门，在当时社会，讲究"门当户对"，夫人元苹更是门第显赫，是北魏昭成皇帝之后裔。元苹知书达礼，"顺以为妇，孝于奉亲"，"诵读诗书，玩习华墨"。元苹于归时，韦应物还是一个纨绔子弟，一个粗鄙的文盲。是元氏夫人让韦应物折节读书，改变了人生轨迹。他们结婚虽早，但是少有子女。元苹去世时，长女还没有出嫁，次女才是"绕床走"的稚龄，好不容易在中年迎来的长子仅仅数月。元苹走得是不放心的。

好在此后还算妥帖，长女嫁给名门杨氏。长女夫婿杨凌很有文名，《新唐书》卷一六〇杨凭传云："与弟凝、凌皆有名，大历中，踵擢进士第，时号'三杨'。"唐代著名散文家柳宗元是杨凌兄杨凭之婿。柳宗元对杨凌的文章也给予了极高的评价。《全唐文》卷五七七柳宗元《大理评事杨君文集后序》："少以篇什著声于时，其炳耀尤异之词，讽诵于文人，盈满于江湖，达于京师。……学富识达，才涌未已，其雄杰老成之风，与时增加。"而韦应物次女则未及出嫁，与父亲韦应物同月去世。

韦应物长子韦庆复在父亲去世时尚在冲龄，年方十五。但是"庆复克荷遗训，词赋已工，乡举秀才，策居甲乙"。韦庆复志文称："少孤终丧，家贫甚。……困饥寒伏。编简三年，通经传子史而成文章。贞元十七年（公元 801 年）举进士及第，时以为宜。二十年会选，明年以书词尤异，受集贤殿校书郎。顺宗皇帝元年召天下士，今上（宪宗）元年试于会府，时文当上心者十八人，公在其间，诏授京兆府渭南县主簿。"
元和二年，韦庆复为监察御史里行，跟随兵部尚书李鄘。元和
四年以本官加绯，为河南节度判官，当年（公元 809 年）七
月病逝于渭南县灵岩寺，享年 34 岁。并于十一月二十一日，
葬于"京兆府万年县凤栖乡少陵原苏州府君之墓之后"。韦庆
复墓志的撰文者是他的外甥，即韦应物的外孙杨敬之。杨敬之
是杨凌之子，《新唐》卷一六〇有传。

有如此儿女，元苹可以含笑九泉了。

韦应物中年丧偶之后没有再娶，独自走完了余下的人生路。

遗爱苏郡

苏州自古为江南雄州。苏郡迎来了新的刺史韦应物。

唐德宗贞元四年（公元 788 年）七月，52 岁的韦应物由
左司郎中领苏州刺史，从三品。于是韦应物离京赴任，走上了
他人生的，也是仕途的最后一程。

"身多疾病思田里，邑有流亡愧俸钱。"这是韦应物在苏
州任上写给友人的一联。一个地方官，只要见到地方上还有逃
荒要饭的，就要为自己的俸禄感到羞愧。这就是一个地方官高
度的责任感，一个地方官的良心。难怪千年之后的苏州诗人沈
德潜说："是不负心语。"这是没有愧对良心的话。能不愧对
良心，自古几人做得？

韦应物在苏州做了些什么？据说他任苏州刺史时常在郡斋
中焚香冥坐，以清静无为持政。清静无为也许源于他的道家思
想，但是不扰民就是实实在在的好事。他在苏州做三年刺史，

修水利，理赋税，勤政务，两袖清风，实实在在地带病为苏州百姓操劳了三年。

在苏州刺史任上，韦应物经常在郡斋焚香独坐，所接谈者仅诗人刘长卿、顾况和诗僧皎然数人而已。顾况于至德二载（公元757年）登进士第。建中二年（公元781年）至贞元二年（公元786年），韩滉为润州刺史、镇海军节度使时，曾召为幕府判官。贞元三年为李泌荐引，入朝任著作佐郎。贞元五年，李泌去世，他也于此年三、四月间贬饶州司户参军。被贬的原因据说是"傲毁朝列"（李肇《唐国史补》），"不能慕顺，为众所排"（皇甫湜《顾况诗集序》）。在贬途经苏州时，与韦应物有诗酬唱。约于贞元十年离饶州，晚年定居茅山（今属江苏）。贞元十六年，皇甫湜曾在扬州见到过他（《顾况诗集序》）。大历六年（公元771年），任永嘉监盐官，曾著有《仙游记》，描述飞云江上游李庭寻上山砍树，迷不知路，逢见溪水，内有农田、泉竹、果菜、连栋架险、300余家。云云。顾况晚年俨然文坛领袖，从他戏白居易的轶事可以知道。顾况是传说中的神仙一流人物，与韦应物应该气味相投。皎然，唐代著名诗僧。俗姓谢，字清昼，吴兴（今浙江省湖州市）人，南朝谢灵运十世孙。皎然活动于大历、贞元年间，有诗名。他的《诗式》为当时诗格一类作品中较有价值的一部。其诗清丽闲淡，多为赠答送别、山水游赏之作。

须知苏州的富庶是天下闻名的，大历十三年（公元778年）苏州升为江南唯一的雄州。

诗人韦应物初到苏州，登上阳澄湖边的重元寺高阁，曾这样赞叹苏州的富庶：

登重玄寺阁

始见吴郡大，十里郁苍苍。

山川表明丽，湖海吞大荒。

俗繁节又喧，雨顺物亦康。

禽鱼各翔泳，草木遍芬芳。

　　但是，即使在这样富庶的地方担任最高长官三年，韦应物卸任时也仍是一贫如洗，连回长安的川资都无法筹措，这是何等的清廉。这就难怪千百年来苏州人要怀念这位"韦苏州"了。

　　有趣的是，韦应物还无意中为苏州培养了另一位优秀的地方官，那就是白居易。据白居易的回忆，少年白居易在十一二岁时第一次来到苏州，这正是韦应物担任苏州刺史的时候。一个崭露头角的天才少年，遇到了诗名颇盛的老诗人，于是造就了一番佳话。韦应物的形象深深植根在少年白居易的心里。因此在多年后白居易担任苏州刺史时，他就跟着韦应物的脚印走。他整治太湖水患，根治山塘河水患，修筑白堤。后人把韦应物、白居易和另一位诗人太守刘禹锡尊为苏州"三贤"，而三贤祠就建在韦应物去世的无定寺原址。

　　苏州人是懂得感恩的，永远记得这位为了苏州鞠躬尽瘁的两袖清风的诗人太守韦应物。

魂归故里

　　唐德宗贞元七年（公元 791 年）初，一代廉吏、优秀的诗人韦应物卒于苏州僧舍，享年仅 55 岁。韦应物的灵柩寄存苏州无定寺数年后运回长安，德宗贞元十二年（公元796年）十一月二十七日与夫人合葬于少陵原祖茔。一生漂泊的诗魂终于魂归故里。

韦应物是中唐前期成就很高的诗人，他被视为唐一代田园派诗人的杰出代表，向来"王孟韦柳"并称。韦应物诗作多写山水田园，清丽脱俗，若不食人间烟火。但是韦诗并未一味出世，他有不少关注民生疾苦的诗作，在冲淡中时有忧愤。如他的《观田家》就是这样的诗作。韦应物部分诗篇孤寂低沉，流露出求仙慕道的思想。这与他的生活经历有关。

韦诗各体俱长，其七言歌行音调流美，"才丽之外，颇近兴讽"（白居易《与元九书》）。其五律一气流转，情文相生，耐人寻味。五、七绝清韵秀朗，《滁州西涧》的"春潮带雨晚来急，野渡无人舟自横"句，写景如画，为后世称许。韦诗以五古成就最高，风格冲淡闲远，语言简洁朴素。但亦有秾丽秀逸的一面。其五古以学陶渊明为主，但在山水写景等方面，则受谢灵运、谢朓的影响。有人以为，韦应物诗所反映的是一个品德极为高尚的人格。他淡于名利，对世情看得很透彻，不积极，但也不消极。他的生活态度是任其自然。他待人接物的原则是和平诚恳。这些性格，都可以从他的诗中感觉到。他的文学风格，主要是其性情的流露，其次才是艺术手法的高妙。在真诚这一点上，韦应物与陶渊明是一脉相承的。白居易在《与元九书》中，曾这样评价过韦应物。他说："近岁韦苏州歌行，才丽之外，颇近兴讽。其五言诗又高雅闲淡，自成一家之体。今之秉笔者，谁能及之？然当苏州在时，人亦未甚爱重，必待身后，然后人贵之。"可知韦应物诗的评价，是在他死后才逐渐高起来的。

韦应物善于向民间文学学习，他的诗作《横塘行》、《乌引雏》等篇什都有明显的学习民歌的痕迹。韦应物还是较早写作词的唐代诗人。除了至今存疑的归在李白名下的被誉为"百代词祖"的《菩萨蛮》和《忆秦娥》两首之外，韦应物可能是留下词作最早的著名作者了。他的《调笑令》几乎被认为是可考的文人词的开山之作。

韦应物的作品今传有 10 卷本《韦江州集》、两卷本《韦苏州诗集》、10 卷本《韦苏州集》。散文仅存一篇。

（撰稿人　张长霖）

附录：

龙榆生词人传记与集评

京兆长安人。少任侠，曾以三卫郎事明皇。大历十四年（公元 779 年），自鄠县令除栎阳令。历任滁州、江州、苏州刺史。罢郡，寓于永定佛寺。应物性高洁，所在焚香扫地而坐，唯顾况、皎然辈得与唱酬。白居易尝语元稹云："韦苏州歌行，才丽之外，深得讽谏之意，而五言犹为高远雅淡，自成一家。"其小词不多见，唯《三台令》、《转应曲》流传耳。

（参考《唐诗纪事》及《韦江州集》附录）

前度刘郎今又来

——刘禹锡传

刘禹锡（772～842），字梦得，晚年自号庐山人，彭城（今江苏徐州）人，自称为汉代中山王刘胜的后人。已故南京大学著名文史大家卞孝萱教授在《刘禹锡年谱》中，从北朝民族融合的背景，考证出刘禹锡祖籍洛阳。又从唐朝安史之乱时北方人口南迁的背景，考证出刘禹锡出生于苏州地区。此观点，得到复旦大学教授刘大杰和苏州大学教授钱仲联的肯定。刘禹锡是与柳宗元、白居易同时期的唐朝大诗人和文学家，诗现存800余首。他的诗通俗清新，精炼含蓄，善用比兴手法，多有弦外之音。在创作上学习民歌，诗作常有反映民众生活和风土人情，题材广阔，风格上汲取巴蜀民歌含思宛转、朴素优美的特色，清新自然，健康活泼，充满生活情趣。其讽刺诗往往以寓言托物手法，抨击镇压永贞革新的权贵，涉及较广的社会现象。晚年所作，风格渐趋含蓄，讽刺而不露痕迹。他以《竹枝词》、《杨柳枝词》和《浪淘沙》为名的三组组诗，富有民歌特色，是唐诗中别开生面之作，传世的精品之作，对后世的诗人和词人很有影响。公元824年夏，他写了著名的

《西塞山怀古》："王濬楼船下益州，金陵王气黯然收。千寻铁锁沉江底，一片降幡出石头。人世几回伤往事，山形依旧枕寒流。今逢四海为家日，故垒萧萧芦荻秋。"这首诗为后世的文学评论家所激赏，认为是含蕴无穷的唐诗杰作，被收入高中语文课本。而刘禹锡的《陋室铭》代代相传，流芳百世，成为一篇脍炙人口的不朽之作。

白居易公元825年担任苏州刺史，当白居易离开苏州之时，刘禹锡陪同他，眼见得苏州的百姓"尽作婴儿啼"，想必刘定是感动异常而记下了这一笔，当时的他怎么也想不到，自己也即将与苏州有一段不解情缘。历史就是这样有趣，当时作为苏州的客人陪伴白居易，仅过了7年，他居然也成了苏州刺史。如果说白居易的风雅成了山塘的一景，而刘禹锡和白居易关于苏州的唱和，更是把山塘的风雅推向了极致。刘禹锡留连在苏州山塘的小桥流水之上、粉墙黛瓦之中，在一片温柔市声和江南的繁华中清和雅致起来，吟唱起了姑苏温婉的民谣，许多诗歌清幽隽秀，尽显江南风致。他在苏州留下了太多的风雅，浓得让苏州再也摆脱不了！刘禹锡在苏州留下了丰富的精神财富和文化遗产；他与苏州的情谊在他临走时写的《别苏州》中可见一斑："流水阊门外，秋风吹柳条。从来送客处，今日自魂销。"苏州人对刘禹锡也是充满感激和景仰，把曾在苏州担任过刺史的韦应物、白居易和他合称为"三杰"，修建了三贤堂。

千年后，再次审视刘禹锡，沿着他生活的轨迹，品读他脍炙人口的诗篇，他所表现出的坚韧不拔、乐观向上的精神值得我们回味与追思。

以诗明志，不屈不挠

刘禹锡出生在一个世代以儒学相传的书香门第。刘禹锡耳濡目染，加上天资聪颖，敏而好学，从小就才学过人，气度非凡。他十九岁游学长安，上书朝廷。二十一岁，与柳宗元同榜考中进士，贞元十一年登吏部取士科，授太子校书，贞元十六年入杜佑幕掌书记，参与讨伐徐州乱军。十八年调任渭南县主簿。次年任监察御史。贞元二十一年（当年八月改元永贞）一月，德宗死，顺宗即位，任用王叔文等人推行一系列改革弊政的措施。刘禹锡当时任屯田员外郎、判度支盐铁案，由于他对当时宦官专权、藩镇割据、朋党之争的社会现实极为不满，曾参与了改革运动，与王叔文、王伾、柳宗元等同为政治革新的核心人物，称为"二王刘柳"。革新只进行了半年，就遭到宦官、藩镇的强烈反对。同年九月，革新失败，顺宗被迫退位，宪宗即位，王叔文被贬为渝州司马，不久病死。刘禹锡也因此被贬为连州（今广东连县）刺史，行至江陵，再贬朗州（今湖南常德）司马。当时贬为远州司马的共八人，史称"八司马"。此后他多次受贬，人生坎坷。但是，他没有屈服于权贵，而是以诗文明志，身处逆境，心忧天下，表现出他刚直不阿的品格和豁达的胸襟；也一直没有失去昂扬豪迈的心，特别是他对所处环境历史人文与自然风物的用心关注，诗文写得十分爽朗。他的诗文表达出一种旷达与自适，一种自信与刚强，永远散发着"阳光青年"的味道，被白居易称为"诗豪"。

革新失败后，刘禹锡被贬朗州司马，迁连州刺史及安徽和州县通判。按当时地方官府的规定，他本应住衙门三间三厦的官邸。可是，和州的知县是个势利之徒，他见刘禹锡贬官而来，便多般刁难。知县先安排他到城南门外临江的三间小房居住。对此，刘禹锡不以为意，反而根据住地景观写了一副"面对大江观白帆，身在和州思争辩"的对联贴在门上。做贼心虚的策知县见之，甚为恼火，马上将刘禹锡移居至北门，并把住房面积减去一半。此房位于德胜河边，岸柳婆娑，山清水秀。刘禹锡见此景色，更是怡然自乐。于是，他又撰写一副对联："杨柳青青江水平，人在历阳心在京。"知县闻讯后，更加恼怒，又下令将刘禹锡撵到城中一间只能放一床一桌一椅的破旧小房中居住。半年光景，刘禹锡的"家"被折腾了三次，住房一次比一次狭小，一次比一次简陋，最后仅是斗室，全家老小根本无法安身。激愤之中，刘禹锡心中有话，如鲠在喉，不吐不快，遂一气呵成，写了一篇《陋室铭》，并请大书法家柳公权书碑勒石，立于门前，以示"纪念"。《陋室铭》字字珠玑、错落有致、构思巧妙、寓意深刻，一时轰动朝野。此作流芳千古，让人在世俗的喧嚣中感受到心灵的那份宁静："山不在高，有仙则名。水不在深，有龙则灵。斯是陋室，惟吾德馨。苔痕上阶绿，草色入帘青。谈笑有鸿儒，往来无白丁。可以调素琴，阅金经。无丝竹之乱耳，无案牍之劳形。南阳诸葛庐，西蜀子云亭。孔子云：'何陋之有？'"转眼千年已过，知县早已化作黄土，而刘禹锡的《陋室铭》却代代相传，流芳百世，成为一篇脍炙人口的不朽之作，充分表现了作者高尚的节操和安贫乐道的生活情趣。

元和十年（公元815年），皇帝下了赦令，刘禹锡被召回长安，期待着安排新职，有一番作为。这时当权的宰相武元衡就是当初革新派的政敌。有人劝刘禹锡走走武宰相的门路，刘禹锡却把那人痛斥了一顿。苦闷之中，他到玄都观赏桃花。多年的逐客生涯，并没有消磨他的锋芒。他一边观赏着满园盛放的桃花，一边又嬉笑怒骂地借题发泄一通，写下了《元和十一年自朗州召至京，戏赠看花诸君子》（《游玄都观咏看花君子》）："紫陌红尘拂面来，无人不道看花回。玄都观里桃千树，尽是刘郎去后栽。"诗作名为游观盛景，实际是用"桃千树"影射权倾京师的新贵，言外之意是说他们的日子和轻薄易谢的桃花一样不会长久，充分表达了正义必胜的坚定信念。这种语义双关、讽刺朝政又充满对新贵的鄙视之情的诗作，当权者当然也能品味出来，所以宰相武元衡等人看到这首诗很不高兴，就把刘禹锡贬去任播州（今贵州遵义市）刺史。当时身为御史中丞的裴度念及刘禹锡家中有八旬老母，不忍让刘禹锡到远离长安的播州，致使母子无异决别，于是他在皇帝唐宪宗面前求情说：这种处治和朝廷以孝治天下的精神是不相符的，请圣上考虑考虑，把他贬谪的地方往内地迁一下。唐宪宗却说，像刘禹锡这样的人是不可赦免的。裴度吓得不敢多说，不过后来皇帝怒容渐减，表示还是不愿伤害刘禹锡的母亲。于是，他又因"语涉讥刺"而再度遭贬，刘禹锡被改贬到连州，后来又转徙到夔州、和州做刺史。刘禹锡被贬为连州刺史4年半。虽两次被贬，身心遭受重大打击，但刘禹锡在连州任职期间，刚正不阿，重土爱民，重教兴学，栽培州人，勤奋笔耕，带动连州文化和教育进入兴盛时期，给连州留下了不朽的诗篇和宝贵的精神财富。他的"功利存乎人民"的为政之道，至今仍为人所称道。在这位"怀宰相之才"的诗人的倡导下，当时地处偏远的连州竟然"科第甲通省"。他在连州留下了大量的诗文和遗迹，更开创了连州重文兴教的传统。

十四年过去了，政治沧桑，人事更替，当时的权贵们老的老，死的死，有的则垮了台。这时，当年为刘禹锡说过话的裴度当了宰相，就把刘禹锡调回长安。刘禹锡重新回到京城，又是暮春季节。他想起那个玄都观的桃花，旧地重游，那个种桃的道士已经死去，而观里的桃树没有人照料，有的被砍，有的枯死，满地长着燕麦野葵，一片荒凉。他睹今忆昔，心中感慨万千，联想起一些过去打击他们的宦官权贵，一个个在政治争斗中下了台，而他自己倒是顽强地坚持自己的见解并走到今天。想到这里，他就又写下了一首诗《再游玄都观绝句》，抒发他心里的感慨，诗里说道："百亩庭中半是苔，桃花净尽菜花开。种桃道士归何处？前度刘郎今又来!"玄都观的兴衰变化，被作者巧妙地用来嘲讽保守派权贵，"种桃道士"是比喻保守势力和权贵的，作者笑问他们"归何处"，宣告自己"今又来"，这中间流露的斗争胜利的喜悦是相当明显的。依然如故，不改初衷，痛快淋漓地抒发了自己不怕打击、坚持斗争的倔强意志。"前度刘郎今又来"的不懈斗争精神，一直为后人敬佩。刘禹锡的诗也化为成语：前度刘郎。

刘禹锡自永贞元年因革新失败被贬郎州，到元和十年被召回；从玄都观赋诗被二贬连州，又到太和二年再游玄都观复为"桃花"叹，其间竟长达二十三年之久，虽也曾一度消沉过，但并未磨减他坚持真理的锐气，没有改变他为宦之初衷。"前度刘郎今又来"时，其耿直为人和不懈的斗争精神仍一如当年，丝毫没有减色。其铮铮气骨让后来者为之啧啧称叹，缅怀不已。今人读其诗，仍能受到强烈的激励，并从中获得深刻的教益。

保守派们当然不能放过他。刘禹锡从此被诽谤、责骂，不久，他就被外遣到苏州、汝州、同州等地任刺史。后来又奉命到东都洛阳担任太子宾客，直至病逝也未能回长安。刘禹锡豪迈的气质和不羁的性格，决定了他是不屈不挠的斗士。《聚蚊谣》里，他把专权的那班宦官比做蚊虫害怕阳光，喜欢昏黑，专等天暗时分便喧腾鼓噪，飞出来以利嘴伤人；对那些权倾京师，红极一时，自以为荣华常保的权贵，在刘禹锡看来不过是过眼云烟，他在《乌衣巷》里写道："朱雀桥边野草花，乌衣巷口夕阳斜。旧时王谢堂前燕，飞入寻常百姓家。"

当我们感受刘禹锡豪迈不羁和铮铮铁骨的同时，令人更难忘的是他豁达的人生态度。元和二年春天，刘禹锡与崔群、李绛、白居易等人在京城曲江池西岸的杏园里赏花宴饮，刘禹锡挥笔写道："二十余年作逐臣，归来还见曲江春。游人莫笑白头醉，老醉花间有几人？"放逐了二十多年，头发都花白了，还能安然归来再游曲江，还能在杏园惬意饮酒，有几个人能够做到？也正因为有这种豁达的人生态度，才有后来"唯有牡丹真国色，花开时节动京城"的诗情喷发；才有"千淘万漉虽辛苦，吹尽狂沙始到金"的撼人力量。刘禹锡晚年回到洛阳，任太子宾客，又加检校礼部尚书衔。他并没有为这二十三年的坎坷际遇而消沉颓废，而是写下了《酬乐天咏志见示》："人谁不愿老，老去有谁怜？身瘦带频减，发稀冠自偏。废书缘惜眼，多炙为随年。经事还谙事，阅人如阅川。细思皆幸矣，下此便儵然。莫道桑榆晚，为霞尚满天。”

这是何等的达观和洒脱，这又何尝不是刘禹锡人格精神的升华？人间沧桑，那些曾经拥有的高宅华堂、金车宝马何在？曾经拥有的富贵功名何在？只有纯正美好的品质是历史上最亮丽的风景，只有无私的境界和宽广的胸怀与天地同在！

以诗抒情，参悟人生

刘禹锡性格刚毅，饶有豪猛之气，在忧患相仍的谪居年月里，确实感到了沉重的心理苦闷，吟出了一曲曲孤臣的哀唱。但他始终不曾绝望，葆有一个斗士的灵魂，不屈不挠，刚正不阿，与现实的黑暗、腐败进行不妥协的斗争。他又是位哲人，不断思考着世界和人生，并用自己擅长的诗文把思考的体会表达出来。

“司空见惯”这个成语或许大家已经司空见惯了，但不知各位读者是否知道它出自刘禹锡的诗作，不仅和他对自己人生经历的思考有关，也与我们苏州有关。刘禹锡“永贞革新”后受尽冷遇，被贬为苏州刺史。苏州的官绅李绅，曾任司空一职，久慕刘禹锡之名，特为新任刺史接风。好客的李绅让一位妙龄歌妓在宴会上表演助兴，佳人蹁跹，歌声婉转，美酒香甜。宴席是如此丰盛，女子是如此美丽，歌声是如此动人，敬酒是如此殷勤，场面是如此热烈。觥筹交错，歌舞升平，刘禹锡不禁感慨万分、思绪万千，回首自己跌宕的人生，仕途的坎坷，感受良多，情难自持，提笔赋诗《赠李司空妓》：“高髻云鬟宫样妆，春风一曲《杜韦娘》；司空见惯浑闲事，断尽江南刺史肠。"这就是成语"司空见惯"的由来，是诗人一时的悲从中来，对自己人生的回首和现实的思考，正如他的前任，另一位苏州刺史白居易，为"琵琶女"而一度泪湿青衫。李绅的名字听来虽不熟悉，但他两首《悯农》诗却人尽皆知。试想，能写出"谁知盘中餐，粒粒皆辛苦"的诗句，应该不是花天酒地的奢靡之人，而是个不差的官了。刘禹锡一时兴起，心生感慨，本想抒发郁郁不得志的愤懑，却无意中害得李绅背上沉迷歌舞声色的千古罪名。也许，这一切原本不过是个历史的玩笑吧。古代官场的宴请歌舞本是司空见惯之事，而刘禹锡却把它看作"浑闲事"，借此回顾思考人生，这是他的独特之处。

众所周知刘禹锡是唐代中期杰出的文学家、哲学家，但他还是一位通晓医药的大师，这恐怕知道的人就不多了。公元818年，刘禹锡集个人用于临床确有良效的方剂辑成《传信方》，所收方药大多符合验、便、廉的原则，涉及内外妇儿等多方面，故在唐、宋方书中颇多引用，自元以后，渐次散佚，现在所见，为明清医书中所辑录而成。1959年上海科技出版社出版了《传信方集释》。《传信方》，当时不仅在国内受到普遍重视，而且在国外也广泛流传，如日本的《医心方》、朝鲜的《东医宝鉴》，都收录了《传信方》中许多行之有效的方剂。

这样一位医药大家，在自己患病时却没有那么透彻和睿智。事情是这样的：刘禹锡被贬在家闲居因失意而积郁成疾，他的一个朋友前来探望，并推荐一名良医给他，让他去就医。那位医生在一番望闻问切后，对他的病确诊并开了药方，但特别关照刘禹锡药里有毒，病愈后立即停药，服过量的药是会损害身体的。刘禹锡回家后按着医生的嘱咐服药，身体逐渐康复了。人们知道这个消息，纷纷前来祝贺。有人对他说医生给人治病，大多留一手，有意遗下病根，以抬高自己，索取钱财，建议他继续服药。刘禹锡听后连连点头，他继续服药。五天以后，药的毒性发作，他只好硬着头皮再去找那位医生，医生给他解毒后，身体才逐渐复原。病好后，刘禹锡对自己这段经历进行了思考，虽然没有今人那么深刻、透彻，例如：怀疑别人要有根据，不能只凭主观猜测；服用药物量超过了限度，使得治病的良药变成了害人的毒药，掌握事物的度是十分重要的等等，但他醒悟到自己做错了事。

"安史之乱"以后的中晚唐社会，衰败之象日盛一日，诗人们的热情和理想退潮了，严峻冷酷的现实迫使文人们的心灵和眼光都由外向内收缩。而这时中国思想领域也发生着重大变化。唐代佛学的"中国化"已告实现，天台、华严、禅宗等宗派的形成是其主要标志。天台、华严、禅宗等中国佛学流派虽然思想都很复杂，但都有由外向内收，与中国固有的心性哲学融合、与儒家"中庸"学说相统一的趋势。在这样社会环境的浸润下，现实社会的"斗士"的刘禹锡又对虚无的佛教世界发生了浓厚的兴趣，开始思考世界。刘禹锡早年随父寓居嘉兴，常去吴兴拜访作为江南著名禅僧兼诗僧的皎然和灵澈，据其《澈上人文集纪》自述，当时他"方以两髦执笔砚，陪其吟咏，皆曰孺子可教"，这一早年经历对其后来的诗歌创作及其人生轨迹影响很深。他一生中有过很多佛门中的朋友，甚至有来自日本、遍访名山而又悟性极高的僧人，和这些朋友在一起谈经论道、研讲佛理。他的好友白居易也是同道中人，白居易的参佛态度对刘禹锡也产生了不小影响。由于他是有名的文学家，又是大家都知道的修佛居士，因此有佛门中人请他写一些碑铭、塔记之类的文章。刘禹锡对佛教的参悟和体会，通过诗文表达出来，他写下和佛教有关的诗文有：《秋日过鸿举法师寺院便送归江陵并引》、《送慧则法师归上都因呈广宣上人并引》、《赠日本僧智藏》、《和乐天斋戒月满夜对道场偶怀咏》、《道场独坐》、《谒柱山会禅师》等等，篇目众多，对佛学体悟深刻，在唐代的佛学领域有重要的地位。

以诗会友，情谊深厚

刘禹锡一生交友甚广，前文提及其有过很多佛门中的朋友，甚至有来自日本、遍访名山而又悟性极高的僧人，但能与其相唱和、引以为知己的还要是柳宗元和白居易。刘禹锡与柳宗元并称"刘柳"，与白居易合称"刘白"。他们以诗交流心声，以诗增进感情。

刘禹锡与柳宗元同登贞元九年三十二名进士及第榜。唐人称同榜及第的进士为"同年"，刘禹锡曾写诗回忆其事："永怀同友年，追思出谷晨。三十二君子，齐飞陵烟旻。"从此两人相识而成莫逆之交。柳宗元也积极参与王叔文集团政治革新，同为政治革新的核心人物。永贞元年（公元805年）九月，革新失败，贬邵州刺史，十一月柳宗元加贬永州司马，是"八司马"之一。柳宗元被贬后，政敌们仍不肯放过他。造谣诽谤，人身攻击，把他丑化成"怪民"，甚至好几年后还骂声不绝。由此可见保守派恨他的程度。在永州，残酷的政治迫害，艰苦的生活环境，使柳宗元悲愤、忧郁、痛苦，加之几次无情的火灾，严重损害了他的健康，竟到了"行则膝颤、坐则髀痹"的程度。然而贬谪生涯所经受的种种迫害和磨难，并未动摇柳宗元的政治理想。他在信中明确表示："虽万受摈弃，不更乎其内。"两人相识的经历、政见、风骨，使他们惺惺惜惜惺惺。当在半年光景中刘禹锡的"家"被折腾了三次，激愤之下写了《陋室铭》，斯时被贬为广西柳州刺史的柳宗元读到后，获知刘禹锡遭受势利小人冷遇，愤懑不平，立即上书朝廷请求："情愿以自己被遣之地柳州换和州，虽得重罪，死不恨。"虽未获准，但足可见"患难识知己，文人更相亲"的高贵品质。柳宗元临死前写信给好友刘禹锡，并将自己的遗稿留交给他，后来刘禹锡编成《柳宗元集》。

刘禹锡和白居易是同年出生的，两个人都出生于唐大历七年，公元772年，而且也有着相似的被贬再贬的不幸经历（白居易亦被贬江州司马）。白居易虽没有直接参与永贞革新，但内心是支持的，与刘禹锡也是心有灵犀一点通的。永贞革新失败后不久，白居易曾寄诗给刘禹锡，刘禹锡曾做《翰林白二十二学士见寄诗一百篇因以答贶》诗："吟君遗我百篇诗，使我独坐形神驰。玉琴清夜人不语，琦树春朝风正吹。郢人斤斲无痕迹，仙人衣裳弃刀尺。世人方内欲相寻，行尽四维无处觅。"（斲，读作zhuó，当砍、削讲）。在这首诗里，刘禹锡高度称赞白居易的诗如同仙人不用刀尺做的衣服，没有一点瑕疵，世上少见，这是他们二人早年诗文交往的见证。

后来白居易在杭州和苏州刺史任上，刘禹锡在和州刺史任上，二人有了较多的诗文来往。宝历二年（公元826年）十月白居易因病罢苏州刺史，刘禹锡也离任和州，二人在扬州相遇。这可能是他们二人第一次见面，"同是天涯沦落人"，因而相逢格外兴奋，悲喜交加。宴会上白居易亲自把箸击盘，慷慨悲歌《醉赠刘二十八使君》："为我引杯添酒饮，与君把箸击盘歌。诗称国手徒为尔，命压人头不奈何。举眼风光长寂寞，满朝官职独蹉跎。亦知合被才名折，二十三年折太多。"对刘禹锡的才华由衷钦佩，"诗称国手"绝非吹捧之词；为他的长期遭受贬谪抱不平，对他仕途坎坷深表同情和安慰，也为自己的类似经历而叹息，对朋友的钦佩、赞扬、同情、叹惜溢于言表。刘禹锡听了白居易所吟之诗非常感动，即席回赠白居易一首《酬乐天扬州初逢席上见赠》："巴山楚水凄凉地，二十三年弃置身。怀旧空吟闻笛赋，到乡都是烂柯人。沉舟侧畔千帆过，病树前头万木春。今日听君歌一曲，暂凭杯酒长精神。"刘禹锡在诗里在对自己的遭遇表示极大的悲愤和哀怨的同时，也表示了自己不屈不挠的抗争精神。"沉舟侧畔千帆过，病树前头万木春"这两句历经千年传唱不衰的经典诗句，就是这种不为自己厄运而悲，能为他人成功而喜，对世事变迁和宦海沉浮表现了十分豁达的胸怀的准确写照，同时刘禹锡也对白居易的慰藉和关怀表示了感激之情。

自此以后，他们二人不管同居长安或同居洛阳，不管分居两地（白居易一直生活在洛阳，刘禹锡先后在苏州、汝州、同州任刺史），其诗文交往从未间断过。大和五年（公元831年）十月，刘禹锡由礼部郎中、集贤学士转任苏州刺史，在赴任途中路过洛阳停留了十五天，与时任河南尹的白居易朝觞夕吟，谈诗论文。临别时二人难分难舍，白居易冒雪专门在福先寺为刘禹锡饯行，席间白居易吟咏《醉中重留梦得》诗："刘郎刘郎莫先起，苏台苏台隔云水。酒盏来从一百分，马头去便三千里。"刘禹锡随即吟出"洛城洛城何日归？故人故人今转稀。莫嗟雪里暂时别，终拟云间相逐飞"四句诗来酬答白居易。白居易在诗里劝刘禹锡"莫先起"，因为这一别不知何日才能再相见；刘禹锡在诗里劝慰白居易这是"暂时别"，终究还是要见面的，到那时咱们二人就能"云间相逐飞"了。由此可以看出白居易与刘禹锡之间的感情是多么的深厚。刘禹锡知道白居易爱鹤，到苏州后设法弄到一只华亭鹤寄给远在洛阳的老友白居易。白居易非常高兴，随即写诗感谢刘禹锡，说这只华亭鹤"一只重千金"。刘禹锡知道白居易爱喝酒，又有自己酿酒的技艺，便从苏州专门寄来上等糯米。正好在浙东观察使任上的李绅给白居易寄来杨柳枝舞衫，白居易见到这两件东西高兴得手舞足蹈。白居易与刘禹锡二人间唱和诗很多，白居易曾辑录《刘白唱和集》。

晚年的白居易和刘禹锡体弱多病，但是，兼济天下的宏愿大志并没有泯灭。白居易以施财凿通龙门八节石滩的善举诠释了"争得大裘长万丈，与君都盖洛阳城"的美好心愿；刘禹锡则以"聆朔风而心动，盼天籁而神惊"（《秋声赋》）为喻，期望为社会、为国家继续出力。这两位中唐时期的大诗人自青年至老年都志同道合，时人把他俩相提并论，称为"白刘"。会昌二年（公元842年）七月刘禹锡与世长辞，享年七十二岁。白居易闻听挚友谢世痛心不已，挥泪写下《哭尚书刘梦得诗二首》："四海齐名白与刘，百年交分两绸缪。同贫同病退闲日，一生一死临老头。杯酒英雄君与曹，文章微婉我知秋。……"这首诗白居易以"百年交分"肯定他与刘禹锡之间的非同一般的深厚友情，对老友的去世深感伤心，并表白活着我俩是志同道合的挚友，死了也照样是好朋友。白居易，刘禹锡，一个是"诗魔"，一个是"诗豪"，共同的兼济天下的理想，相同的被贬又再贬的多舛命运，一样齐名的诗文大家，把二人紧密的联系在一起，世人只要一提到他们俩，就会很自然地想起"生死之交"这个词。

以诗寄思，情系苏州

宝历二年（公元 826 年）白居易因病罢苏州刺史，虽然他在苏州担任刺史只有短短的一年，但就这一年使他在苏州名垂青史。当白居易离开苏州之时，刘禹锡作陪同，眼见得苏州的百姓"尽作婴儿啼"，想必刘禹锡当时是感慨万千。仅过了七年，刘禹锡也也成了苏州刺史，同样时间也不长，只有三年。可这短短三年，让他得到了苏州百姓的尊敬与认可，苏州百姓恭恭敬敬地把他放入"三贤堂"中，供后代永远香火祭拜、瞻仰、怀念。皇帝也对他的政绩予以褒奖，赐给他紫金鱼袋。对于苏州这块土地，他爱得如此深沉，曾多次到苏州游玩、会友，直至到苏州做官，他的一生都与苏州结下了浓厚的缘分。

刘禹锡对权贵一身正气，嫉恶如仇；对老百姓，则倡导"功利存乎人民"（《连州刺史厅壁记》）。他不论在哪里，都守政不阿，重土爱民，兴教重学，深得人民爱戴。刘禹锡刚被派往苏州担任刺史时苏州正发生水灾。他一上任就开仓赈饥，免赋减役，并走入市井，探问农耕，教泽市民，他以对人民、对山河深沉的热爱，发现并欣赏山河之美、生活之美。他与苏州的情谊在他临走时写的《别苏州》诗中可见一斑："流水阊门外，秋风吹柳条。从来送客处，今日自魂销。"刘禹锡世称"诗豪"，性格豪放不羁、达观洒脱。这首诗中，我们却丝毫看不到诗人性格的流露。秋风吹柳，本是众多古诗中最常用的一个意象——"离别"，面对分离，诗人一反往日的豪爽，用了"魂销"一词，写尽了万千风情，涵盖了种种情意，以诗寄思，处处流露出他对苏州这座城市的难舍之情。

刘禹锡在苏州做了三年刺史，对于苏州，他留下更多的是精神财富和文化遗产。关于灵岩山，刘禹锡题诗二首，其题目（实际上是小序了）比诗还长："馆娃宫在旧郡西南砚石山前，瞰姑苏台，傍有采香径，梁天监中置佛寺曰灵岩，即故宫也。信为绝境，因赋二章。"这里透露的消息似说灵岩山本是砚石山，后来有了灵岩寺，才山以寺名，不知是否如此。诗二首如下："宫馆贮娇娃，当时意大夸。艳倾吴国尽，笑入楚王家。""月殿移椒壁，天花代舜华。唯馀采香径，一带绕山斜。"这诗似不是描写灵岩景色，而是咏史抒情。除了灵岩山，自然还有虎丘。有关的诗不少，其中有一首诗《发苏州后登虎丘寺望海楼》广为传播："独宿望海楼，夜深珍木冷。僧房已闭户，山月方出岭。碧池涵剑彩，宝刹摇星影。却忆郡斋中，虚眠此时景。"

品读着脍炙人口的诗篇，追思着坚韧不拔、乐观向上的精神，回味着一个个感人的故事，"前度刘郎今又来"，后人会一直敬佩你——刘禹锡。

（撰稿人　陆伟）

附录：

《旧唐书·刘禹锡列传》

刘禹锡，字梦得，彭城人。祖云。父溆，仕历州县令佐，世以儒学称。禹锡贞元九年擢进士第，又登宏辞科。禹锡精於古文，善五言诗，今体文章复多才丽。从事淮南节度使杜佑幕，典记室，尤加礼异。从佑入朝，为监察御史。与吏部郎中韦执谊相善。

贞元末，王叔文於东官用事，后辈务进，多附丽之，禹锡尤为叔文知奖，以宰相器待之。顺宗即位，久疾不任政事，禁中文诰，皆出於叔文。引禹锡及柳宗元入禁中，与之图议，言无不从。转屯田员外郎、判度支盐铁案，兼崇陵使判官。颇怙威权，中伤端士。宗元素不悦武元衡，时武元衡为御史中丞，乃左授右庶子。侍御史窦群奏禹锡挟邪乱政，不宜在朝。群即日罢官。韩皋凭藉贵门，不附叔文党，出为湖南观察史。既任喜怒凌人，京师人士不敢指名，道路以目，时号"二王、刘、柳"。

叔文败，坐贬连州刺史。在道，贬朗州司马。地居西南夷，士风僻陋，举目殊俗，无可与言者。禹锡在朗州十年，唯以文章吟咏，陶冶性情。蛮俗好巫，每淫词鼓舞，必歌俚辞。禹锡或从事於其间，乃依骚人之作，为新辞以教巫祝。故武陵磎洞间夷歌，率多禹锡之辞也。

初，禹锡、宗元等八人犯众怒，宪宗亦怒，故再贬。制有"逢恩不原"之令。然执政惜其才，欲洗涤痕累，渐序用之。会程异复掌转运，有诏以韩皋及禹锡等为远郡刺史。属武元衡在中书，谏官十余人论列，言不可复用而止。

禹锡积岁在湘、澧间，郁悒不怡，因读《张九龄文集》，乃叙其意曰："世称曲江为相，建言放臣不宜于善地，多徙五磎不毛之地。今读其文集，自内职牧始，安有瘴疠之叹，自退守相荆州，有拘囚之思。托讽禽鸟，寄辞草树，郁然与骚人同风。嗟夫，身出於退晦，一失意而不能堪，矧华人士族，而必致丑地，然后快意哉！议者以曲江为良臣，识胡雏有反相，羞与凡器同列，密启廷诤，虽古哲人不及，然燕翼无似，终为馁魂。岂伎心失恕，阴谪最大，虽二美莫赎耶？不然，何袁公一言明楚狱而钟祉四叶。以是相较，神可诬乎？"

元和十年，自武陵召还，宰相复欲置之郎署。时禹锡作《游玄都观咏看花君子诗》，语涉讥刺，执政不悦，复出为播州刺史。诏下，御史中丞裴度奏曰："刘禹锡有母，年八十余。今播州西南极远，猿狖所居，人迹罕至。禹锡诚合得罪，然其老母必去不得，则与此子为死别，臣恐伤陛下孝理之风。伏请屈法，稍移近处。"宪宗曰："夫为人子，每事尤须谨慎，常恐贻亲之忧。今禹锡所坐，更合重於他人，卿岂可以此论之？"度无以对。良久，帝改容而言曰："朕所言，是责人子之事，然终不欲伤其所亲之心。"乃改授连州刺史。去京师又十余年。连刺数郡。

太和二年，自和州刺史徵还，拜主客郎中。禹锡衔前事未已，复作《游玄都观诗序》曰："予贞元二十一年为尚书屯田员外郎，时此观中未有花木。是岁出牧连州，寻贬朗州司马。居十年，召还京师，人人皆言有道士手植红桃满观，如烁晨霞，遂有诗以志一时之事。旋又出牧，于今十有四年，得为主客郎中。重游兹观，荡然无复一树，唯兔葵燕麦动摇于春风，因再题二十八字，以俟后游。"其前篇有"玄都观里桃千树，总是刘郎去后栽"之句，后篇有"种桃道士今何在，前度刘郎又到来"之句，人嘉其才而薄其行。禹锡甚怒武元衡、李逢吉，而裴度稍知之。太和中，度在中书，欲令知制诰，执政又闻《诗序》，滋不悦。累转礼部郎中、集贤院学士。度罢知政事，禹锡求分司东都。终以恃才褊心，不得久处朝列。六月，授苏州刺史，就赐金紫。秩满入朝，授汝州刺史，迁太子宾客，分司东都。

禹锡晚年与少傅白居易友善，诗笔文章，时无在其右者。常与禹锡唱和往来，因集其诗而序之曰："彭城刘梦得，诗豪者也。其锋森然，少敢当者。予不量力，往往犯之。夫合应者声同，交争者力敌。一往一复，欲罢不能。由是每制一篇，先于视草，视竟则兴作，兴作则文成。一二年来，日寻笔砚，同和赠答，不觉滋多。太和三年春以前，纸墨所存者，凡一百三十八首。其余乘兴仗醉，率然口号者不在此数。因命小侄龟儿编勒成两轴。仍写二本，一付龟儿，一授梦得小男仑郎，各令收藏，附两家文集。予顷与元微之唱和颇多，或在人口。尝戏微之云：'仆与足下二十年来为文友诗敌，幸也。亦不幸也。吟咏情性，播扬名声，其适遗形，其乐忘老，幸也。然江南士女语才子者，多云元、白，以字之故，使仆不得独步于吴、越间，此亦不幸也。今垂老复遇梦得，非重不幸耶？'梦得梦得，文之神妙，莫先於诗。若妙与神，则吾岂敢？如梦得'雪里高山头白早，海中仙果子生迟'，'沉舟侧畔千帆过，病树前头万木春'之句之类，真谓神妙矣。在在处处，应有灵物护持，岂止两家子弟秘藏而已！"其为名流许与如此。梦得尝为《西塞怀古》、《金陵五题》等诗，江南文士称为佳作，虽名位不达，公卿大僚多与之交。

开成初，复为太子宾客分司，俄授同州刺史。秩满，检校礼部尚书、太子宾客分司。会昌二年七月卒，时年七十一，赠户部尚书。

子承雍，登进士第，亦有才藻。

白云无心青山有意

——白居易传

　　"离离原上草，一岁一枯荣。野火烧不尽，春风吹又生。"

　　"日出江花红胜火，春来江水绿如蓝。能不忆江南？"

　　"思悠悠，恨悠悠，恨到归时方始休，月明人倚楼。"

　　"在天愿作比翼鸟，在地愿为连理枝。天长地久有时尽，此恨绵绵无绝期。"

　　"乱花渐欲迷人眼，浅草才能没马蹄。"

　　"可怜九月初三夜，露似真珠月似弓。"

　　"可怜身上衣正单，心忧炭贱愿天寒。"

　　"别有幽愁暗恨生，此时无声胜有声。"

　　"人间四月芳菲尽，山寺桃花始盛开。"

　　……

　　这些脍炙人口的诗句在现代人眼里，句句都是经典，能写出一二者就是天才了，而它们都是出自一人之手，此人就是唐代伟大的现实主义诗人白居易。这不禁使人为之赞叹、佩羡！所谓言由心生，是一个有着怎样传奇人生的人才能写下如此精彩的诗作呢？

明经出身，一代青年才俊

白居易，字乐天，晚年号香山居士。他是北齐司空白建的仍孙。白家高祖白建因其对北齐有功，被赐田宅于韩城，遂在此安家。白氏子孙逝世后皆安葬于韩城，奉韩城为故里。白居易的曾祖父白温官至朝散大夫兼检校都官郎中，徙家于华州下邽县。后来，白居易父亲白季庚又率领全家迁居新郑县西之东郭寺村。唐代宗大历七年（公元772年）正月二十日，白居易在东郭寺村降生了。关于白居易名字的来历，东郭寺村流传着这样一个传说。东郭寺村地势低洼，一度积水成患。白居易出生时，男人们都出去排水了，妇女们急得在家里烧香祷告。就在此时，44岁的白季庚老年得子，其18岁的夫人陈氏生下一个男婴，祖父白湟就给孙子起名"居易"，意思是希望孙子能得到一个容易居住的地方。在这里，白居易度过了自己无忧无虑的童年。

白季庚被授彭城令，事务繁忙，很少回家，因此教养白家子嗣的责任，就由白居易的外祖母和母亲白陈氏承担起来。白居易上有一个哥哥，下有两个弟弟。哥哥白幼文，曾任符离主簿和浮梁主簿。弟弟白行简，字知退，小名阿怜，官至主客郎中，文辞简易，有其兄风格。白行简以传奇著称，《李娃传》就是其代表作。小弟白幼美，小名金刚奴，不幸九岁夭折。

白家世代敦崇儒业，皆以明经出身。白居易自幼聪敏过人，他在《与元九书》中自云："仆始生六七月时，乳母抱弄于书屏下。有指'无'字、'之'字示仆者，仆虽口未能言，心已默识。后有问此二字者，虽百十其试，而指之不差。"母亲白陈氏对几个儿子的教养更是亲力亲为，循循善诱又和蔼可亲。白居易最得母亲的宠爱，三岁时，母亲便手把手地教他读书写字，五六岁开始学写诗，九岁通音律。在母亲的悉心教导和敦促下，白居易勤奋读书，后忆及年少时求学的情状，他撰文说："昼课赋，夜课书，间又课诗，不遑寝息矣，以至于口舌生疮，手肘成胝。"可见，任何人的成功都不是平白得来的。

白居易十二岁由于河南战乱离开了东郭寺村，被父亲送到越中避乱。直到五十六岁，卸任苏州刺史北还洛阳，途经东郭寺村，有感而发，写下了《宿荥阳》一诗："生长在荥阳，少小辞乡曲。迢迢四十载，复到荥阳宿。去时十一二，今年五十六。追思儿戏时，宛然犹在目。旧居失处所，故里无宗族。岂惟变朝市，兼亦迁陵谷。独有溱洧水，无情依旧绿。"由诗中不难看出白居易对故里的一片留恋和哀思。诗人对家乡的记忆是"宛然犹在目"，对故园的感情是何等真挚。诗写成后已近黄昏，白居易策马回到阔别多年的东郭寺村，在自家老宅里停了一夜。这天，一夜无眠的诗人将自己一生的经历写在了一块石碑上，表达了他对哺育自己的家乡的一片真情。可惜，这块石碑现在已经丢失了。

白居易十五岁时得知朝廷之进士试，于是在越中游历期间，发奋读书，准备应进士第，其诗作已有不少广为流传。京城长安成为白居易的向往之地，那里人才荟萃，达官显贵众多，若能得其举荐，即能谋得一官半职，从而实现自己的抱负。十六岁那年，踌躇满志的白居易踏进了长安，开始了他的圆梦之旅。他遍访长安名家，以自己的诗文作为敲门砖。当时，在京城最负盛名的莫过于顾况，他既是大诗人，又是宰相李泌的挚友，担任掌管编纂国史和起草朝廷重要文件的著作郎一职。顾况为人孤傲，对后进文章都是不屑一顾。白居易袖着诗文去拜见顾况，顾况见是一个乳臭未干的少年，心中不免看轻几分，又听闻他的名字，便当面调侃说："长安米贵，居恐不易。"但读了白居易的《赋得古原草送别》一诗后，对其"野火烧不尽，春风吹又生"一句大为赞赏，不觉迎门礼遇，曰："吾谓斯文遂绝，复得吾子矣！"顾况对少年诗人的刮目相看顿时惊动长安，白居易的诗名不胫而走，大著于世。不久，白居易写出《咏王昭君》一诗："满面胡沙满鬓风，眉销残黛脸销红。愁苦辛勤憔悴尽，如今却似画图中。汉使却回凭寄语，黄金何日赎蛾眉？君王若问妾颜色，莫道不如宫里时。"此诗在长安城被争相传抄。时值夏日，长安酷热难当，达官贵人抢购冰块解暑，以至于货缺价奇，不得如愿，然而，白居易需要冰块，售冰者却用筐装送，分文不收，他们喜爱这位难得的诗才，愿意无偿为他服务。

历来诗人都追求"以诗言志"。在官场上难以实现为民之心、报国之志的白居易就用手中的笔抒发心声，反映现实生活，写下了大量流传千古的诗篇。白居易的诗多达三千首，数量为唐代诗人之冠，人称"诗王"。白居易还提出了一整套诗歌理论。他把诗比作果树，提出"根情、苗言、华声、实义"的观点，他认为"情"是诗歌的根本条件，"感人心者莫先乎情"，而情感的产生又是有感于事而系于时政。《与元九书》中他提出了著名的"文章合为时而著，歌诗合为事而作"的现实主义创作原则。他的讽喻诗、闲适诗体现着他"奉而始终之"的兼济、独善之道，所以最受重视。相传白居易作好诗后，会先读给田间的老头老太听，并不断加以修改，一直到有一个人拍手叫道"听懂了听懂了，说的就是我们农间耕作的事"才算真正完成。因此传说"白傅作诗，老妇皆懂"。

唐贞元十六年（公元 800 年），29 岁的白居易以第四名的成绩考中进士，32 岁时，被授校书郎之职，从此步入了仕途。35 岁时，白居易被任命为陕西周至县尉，37 岁时被任命为左拾遗，41 岁时任官左赞善大夫，此后还在杭州、苏州、河南等地做过州官。

初恋——叹湘灵之悲

都城长安虽然繁华，但"安史之乱"后，灾荒频仍，物价飞涨。白居易这样的清贫书生要想长久居住，已经日见艰难。恰在此时，他又接到父亲来信，说家中生活日渐拮据，已无法维持他在外的开支。他真正体会到顾况所调侃在长安"居大不易"的滋味。重要的是，白居易看到"中朝无缌麻之亲，达官无半面之旧"的书生，专凭自己的诗才而没有功名，是无法登上"仕宦之途"的，他决定回家养病，病好之后，参加科举考试，求取一官半职。

贞元六年，白居易离开长安，经过长途跋涉，回归符离埇桥。当时，他的父亲白季庚仍在徐州任上，哥哥白幼文已经长大并且功名有成，当上了浮梁县主簿，符离城北的家中只有他的母亲、外祖母和两个弟弟。

符离小城，今在安徽省宿县境内，汴河缓缓流过城南，濉水汤汤来自西北，奔向洪泽，风景秀美，是一个钟灵毓秀之地。白居易在这里的日子过得还是很轻松愉快的，他和白行简在攻读之余，有时去流沟寺前古松下盘桓，有时去横山头欣赏桃花，有时跑到陴湖边上静看波涛碧绿，有时坐在濉河边上垂钓鲜肥的河鱼，优哉游哉！更为重要的是在符离他遇见了一位活泼可爱的农家小女孩湘灵，湘灵家与白居易家为邻，很快两人成了青梅竹马、两小无猜的玩伴。时间一晃八年过去了，白居易十九岁，一表人才；湘灵也长成了十五岁的大姑娘，出落得十分俊俏，还有着一副悦耳的嗓音。白居易为其吟诵新作的诗句，湘灵为其轻唱学会的新曲，可谓是琴瑟相合，很快两人便开始了青涩的初恋。碧绿的陴湖畔，两人一起观赏日暮霞飞，白鸥轻翔。"娉婷十五胜天仙，白日嫦娥旱地莲。何处闲教鹦鹉语，碧纱窗下绣床前。"这首《邻女》的诗就是对湘灵最好的追叙，在白居易的眼里湘灵就像是下凡的嫦娥，像是美丽的莲花，更赛过天仙。这正应了"情人眼里出西施"之语。两人花前月下，你侬我侬。

但是当白居易的母亲得知了两人的恋情后，勃然大怒，强烈反对，理由无非是门第有别。湘灵，家中世代务农，住在穷巷寒舍，身无长物，怎能与自己的儿子般配？母亲的极力反对丝毫没有动摇两个真心相爱的年轻人的决心，反而使他们更坚定地走在一起，耳鬓厮磨，感情更加炽烈。见此情景，白母陈氏与丈夫紧急商量，决定为此举家迁往白居易的叔父处。贞元十四年，为了自己的前程，他不得不离开符离，随家人迁往襄阳。是夜，湘灵与白居易抱头痛苦，难分难舍。白居易对已经哭成一个泪人的湘灵起誓："我进京得了功名就马上向父母请求，一定娶你为妻。你一定要相信我！"湘灵含泪点头，并送给白居易一个精美的绣花荷包，头枕在白居易的肩头，深情地说："这是我亲手为你赶制的荷包，你要随身带在身上，见此荷包，就盼你能想起符离还有我湘灵在日夜盼君早日得中归来。切切勿忘啊！"

初恋果真是青涩的。这对被棒打的鸳鸯就这么从此远隔天涯，留给彼此的只能是无尽的相思和痛苦的煎熬。八年相恋相知，一朝离别，怎能不使人心碎？

在离开符离奔赴襄阳的路上，白居易连续写了三首诗，以此来表达自己对湘灵的挂念，这三首诗分别是：

寄湘灵

泪眼凌寒冻不流，每经高处即回头。

遥知别后西楼上，应凭栏杆独自愁。

寒闺夜

夜半衾裯冷，孤眠懒未能。

笼香销尽火，巾泪滴成冰。

为惜影相伴，通宵不灭灯。

长相思

九月西风兴，月冷霜华凝。

思君秋夜长，一夜魂九升。

二月东风来，草坼花心开。

思君春日迟，一日肠九回。

妾住洛桥北，君住洛桥南。

十五即相识，今年二十三。

有如女萝草，生在松之侧。

蔓短枝苦高，萦回上不得。

人言人有愿，愿至天必成。

愿作远方兽，步步比肩行。

愿作深山木，枝枝连理生。

《长相思》中末句"愿作深山木，枝枝连理生"可算作是白居易名作《长恨歌》里的"在地愿为连理枝"的前身。陈大亮在《长恨歌传》中叙写创作缘起道："白乐天，深于思者也，有出世之才，以为往事多情而感人也深，故为《长恨词》以歌之，使鸿传焉。"由此可知，这首《长相思》和之后的《长恨歌》都是诗人内心真情的流露，故而至今读来仍是感人至深。

贞元十六年初，白居易29岁考上了进士，回符离住了近10个月，恳切向母亲要求与湘灵结婚，但被封建观念极重的母亲拒绝了。湘灵颇识大体，不求婚嫁，还不断地安抚白居易，设法使他宽心。白居易无奈，便怀着极其痛苦的心情离开了家。与湘灵相聚的片刻欢愉换来的却是更大的痛苦。

贞元二十年秋，白居易在长安做了校书郎，需将家迁至长安，他回家再次苦求母亲允许他和湘灵结婚，但门第大于一切的母亲，不但再次拒绝了他的要求，而且在全家迁离时，不让他们见面。就这样，一段才子佳人的恋情就此被无情剑斩断。

白居易只能一次又一次地把对湘灵的眷恋诉诸笔端：

冬至夜怀湘灵

艳质无由见，寒衾不可亲。

何堪最长夜，俱作独眠人。

感秋寄远

惆怅时节晚，两情千里同。

离忧不散处，庭树正秋风。

燕影动归翼，蕙香销故丛。

佳期与芳岁，牢落两成空。

寄远

欲忘忘未得，欲去去无由。

两腋不生翅，二毛空满头。

坐看新落叶，行上最高楼。

暝色无边际，茫茫尽眼愁。

　　白居易彻底绝望了，直到 37 岁时才在母亲陈氏的以死相逼之下才与同僚杨汝士的妹妹结为了连理。但是他对湘灵的思念却从未间断，有的诉诸诗作，有的印在心间。后白居易被贬为江州司马，赴任途中竟遇见了正在漂泊的湘灵父女。这时白居易 44 岁，湘灵也已经 40 岁了，仍未婚配。白居易与湘灵难掩真情，抱头痛哭了一场。但是时过境迁，虽然两人心中人有情，却难以再续前缘了，一切空枉然。白居易由此而写下了

《逢旧》一诗：

　　　　我梳白发添新恨，君扫青蛾减旧容。

　　　　应被傍人怪惆怅，少年离别老相逢。

元白之交，文人相亲之佳话

　　白居易于贞元十八年冬前往长安参加铨试。经过一次次地考试擢拔，白居易与元稹、李建、崔玄亮和刘禹锡等名列甲等，联袂登第，数月的拔萃考试也使他们几人之间建立了深厚的友谊。尤其是来自河南洛阳的元稹，他与白居易可谓是一见如故。元稹是新乐府运动的倡导者和中坚力量，与白居易齐名，世称"元白"。元稹为官正直，因触犯宦官权贵，自监察御史谪为江陵府士曹掾，白居易和翰林学士李绛、崔群等人，连续上书，力陈元稹无罪，不当贬黜。白居易一人奏表三次，一再肯定元稹自授御史以来的正直不阿，陈词恳切，申述三大不宜贬谪元稹的理由。可惜奏疏迟迟得不到皇上的答复。

　　他俩交往的时间虽然不长，但是交情笃厚，互相唱和的诗歌数量巨大，共计达上千首。通常他俩都会用竹筒贮诗派人递送，一时成为诗坛佳话。他俩唱和之频繁，从白居易《因继集重序》一文中可见一斑："去年，微之取予《长庆集》中诗未对答者五十七首追和之，合一百一十四首寄来，题为《因继集》卷之一。今年，予复以近诗五十首寄去。微之不逾月，依韵尽和，合一百首，又寄来，题为《因继集》卷之二……"

这充分说明他们两人互相关注、交往密切，是无人可比的。

白居易在《祭元微之》中说自己和元稹是"金石胶漆，未足为喻"。他们之间，曾经有"千里神交，若合符契"的奇迹发生。《本事诗·征异第五》记载，元稹为御史，奉派到梓潼（在今天四川江油一带）办案。白居易在京城，跟一班名流游览慈恩寺，于花下小酌。当时白居易写了一首寄给元稹的诗，诗是这样写的："花时同醉破春愁，醉折花枝当酒筹。忽忆故人天际去，计程今日到凉州。"（《同李十一醉忆元九》）

凑巧的是，元稹当时正好走到梁州褒城，而且也在同一时间里寄出了一首《梦游》诗："梦君同绕曲江头，也向慈恩院院游。亭吏呼人排去马，所惊身在古梁州。"元稹梦中所见，完全符合白居易的生活情形。

元稹比白居易小 7 岁，却早于白居易 16 年离世。白居易接到元稹的死讯，悲痛之际，百感交集，于是作了悼亡诗《哭微之二首》："八月凉风吹白幕，寝门廊下哭微之。妻孥朋友来相吊，唯道皇天无所知！文章卓荦生无敌，风骨英灵殁有神。哭送咸阳北原上，可能随例作灰尘？"

元稹的离世，给白居易造成了极大的悲痛，犹伯牙失子期之痛。

多情自古伤离别，无奈化作断肠酒

和许多文人雅士一样，白居易日常颇喜饮酒，一为饮酒助兴，二为排遣胸中郁结。每逢良辰美景，兴之所至，白居易便会邀友来家，一面饮酒作诗，一面由家奴抚琴唱曲，直到大家酩酊大醉。据《穷幽记》记载，白居易家里有一个池塘，可泛舟。他常常在船上宴请宾客，命人在船旁吊百余只空囊，里面盛满美酒佳肴，随船而行，要吃喝时，就拉起随用，直至囊空为止。方勺《泊宅编》卷上说："白乐天多乐诗，二千八百首中，饮酒者八百首。"他是以一天酒醉来解除九天辛劳的。

据说现在去洛阳游览白居易的墓址的游客，知诗人喜酒，都要在墓前洒水酒一杯，以示敬爱，所以诗人墓前的土常常是湿漉漉的。

蓄妓玩乐，始自东晋，唐代比较普遍。这里的妓，相当于中国历史上的姜或家庭歌舞伎。据说白居易因贬谪和感情的挫折，常蓄妓与嗜酒无度，直到暮年。从他的诗中知姓名之妓便有十几个，最出名的是小蛮和樊素。唐孟棨《本事诗·事感》中记载："白尚书姬人樊素善歌，妓人小蛮善舞，尝为诗曰：樱桃樊素口，杨柳小蛮腰。"可见，樱桃嘴、杨柳腰或小蛮腰，这些对美女的形容之词就是从白居易那里学过来的。

白居易后来年纪大了，体弱多病，不希望自己心爱的马和歌妓跟着自己吃苦受累，所以决定放他们离开。但是他心爱的马居然走几步就回头悲鸣连连，情状甚是惹人哀怜。樊素和小蛮对白居易也是感情至深，断断不愿离他而去。樊素一边落泪，一边动情地对白居易说："主乘此骆五年，衔橛之下，不惊不逸。素事主十年，中擿之间，无违无失。今素貌虽陋，未至衰摧。骆力犹壮，又无蹶慣。即骆之力，尚可以代主一步；素之歌，亦可以送主一杯。一旦双去，有去无回。故素将去，其辞也苦；骆将去，其鸣也哀。此人之情也，马之情也，岂主君独无情哉？"白居易也长叹道："骆骆尔勿嘶，素素尔勿啼；

骆返庙，素返闺。吾疾虽作，年虽颓，幸未及项籍之将死，何必一日之内弃雅兮而别虞姬！素兮素兮！为我歌杨柳枝。我姑酌彼金缶，我与尔归醉乡去来。"

当然最后樊素和小蛮还是受形势所逼，无奈地走了。白居易思念中深情写道："两枝杨柳小楼中，袅娜多年伴醉翁。明日放归归去后，世间应不要春风。""五年三月今朝尽，客散筵空掩独扉。病与乐天相伴住，春同樊子一时归。"

铮铮谏言，聊表拳拳忠心

在当时的封建社会，宦官弄权，大臣党争不息，白居易却不畏权贵，敢于犯颜直谏。任左拾遗的三年中，白居易屡次上书，反对宦官掌权，直陈皇帝的过失，反应人民的疾苦，对时政提出了强烈的批评。

淄青节度使李师道以个人名义献上私钱六百万，为魏征子孙赎宅，白居易进谏，认为魏征是先朝宰相，太宗曾经赐殿材成其正室，已经与其他各家的第宅有很大的不同。子孙典贴，其钱不多，自可由朝廷出面选择贤者子孙为其收赎。如果让李师道掠美，这件事实在是不妥当的。唐宪宗对白居易的看法深表赞同。

公元809年，天下大旱，白居易向皇上建议，免除了江淮百姓的税赋。河东节度使王锷大肆搜刮民财献给皇上邀宠争功，唐宪宗决定提拔王锷为宰相，满朝文武对此多数是敢怒不敢言，白居易却挺身而出向皇上进言："宰相是陛下的辅臣，不是贤良的人不能担当此重任。王锷苛刻百姓，所得财宝皆献给皇上以获得恩泽。现在如果授以其宰相之位，天下之人就会说陛下是得了王锷的进奉才任命他做宰相的，这对社稷实在是没有任何益处啊。"这项任命终于被制止了。

元和四年冬天，河北一带战火又起。九月，宪宗任命王承宗为成德节度使，同时任命薛昌朝为德、棣二州观察使。王承宗受人挑唆，派兵把薛昌朝囚禁起来。宪宗派宦官去，命令王承宗把薛昌朝放回德州，王承宗则拒不奉诏。皇上竟然让神策中尉吐突承璀担任招讨使，白居易当面陈词，辞情切至，希望皇上罢去宦官吐突承璀的官职。龙颜颇为不悦，对翰林学士、知制诰李绛说："白居易小子，是朕拔擢他才使他到现在的名位，但是现在他对朕无礼，朕实难忍受了！"李绛回答说："白居易所以不避死亡之诛，事无巨细都一定要面呈，这是因为他要酬谢陛下大力拔擢他的缘故啊，并不是他随意言说。陛下想要开谏诤之路，不应该阻止他的进言。"皇上点头表示认同："爱卿，你说得对啊！"

元和五年四月，白居易三年拾遗任满，并未循例转授六品员外郎或擢升七品补阙，而是有圣旨传下，暗示关怀：居易官卑俸薄，拘于资质，不便超等授官。上意让他自己选择适合自己的官职。白居易一边谢主隆恩，一边感到了冷落，似乎看到了宦官、权臣们在背后的动作。他知道，近臣从此做不成了，直接参与朝政的机会从此要丢失了。思量再三，白居易上了一道陈情表，以"臣家素贫，臣母多病"为名，请准如姜公辅例，改授外官，以便于奉养母亲。

元和六年，白居易母亲因患精神失常病死在长安，白居易按当时的规矩，回乡守孝三年，服孝结束后回到长安，皇帝安排他做了左赞善大夫。元和十年七月，宰相武元衡和御史中丞裴度遭藩镇派遣的刺客刺杀，武元衡当场身亡，死状惨烈，裴度受了重伤。出了如此大事，当时掌权的宦官集团和旧官僚集团居然并不急于处理。白居易十分气愤，第一个上书进言，力主严查缉拿凶手，以肃法纪。可是那些掌权者非但不褒奖他热心国事，反而说他抢在谏官之前议论朝政是一种僭越行为。中书舍人王涯说白居易的母亲是看花的时候掉到井里死的，他写赏花的诗和关于井的诗，有伤孝道，这样的人不配治郡，于是他被贬为江州司马。由于白居易刚正不阿，屡陈时政，致皇上不满，遭权臣弹劾，最终被贬为地方官。

贬官江州给白居易以沉重打击，他说自己是"面上灭除忧喜色，胸中消尽是非心"。在被贬江州期间，白居易写下了著名的《琵琶行》。诗中那位琵琶女"夜深忽梦少年事，梦啼妆泪红阑干"的遭遇与白居易的仕途坎不经相同，不由使他发出"同时天涯沦落人，相逢何必曾相识"的感慨，可谓情真意切。《琵琶行》作于他贬官到江州的第二年，作品借着叙述琵琶女的高超演技和她的凄凉身世，抒发了作者个人政治上受打击、遭贬斥的抑郁悲凄之情。在这里，诗人把一个琵琶女视为自己的风尘知己，与她同病相怜，写人写己，哭己哭人，宦海的浮沉、生命的悲哀，全部融合为一体，因而使作品具有不同寻常的感染力。三年后由于好友崔群的帮助他升任忠州刺史。元和十五年，唐宪宗暴死在长安，唐穆宗继位，穆宗爱他的才华，把他召回了长安，先后做司门员外郎、主客郎中知制诰、中书舍人等。但当时朝中很乱，大臣间争权夺利，明争暗斗；穆宗政治荒怠，不听劝谏。于是他极力请求外放，穆宗长庆二年出任杭州刺史，杭州任满后任苏州刺史。晚年以太子宾客分司东都。七十岁致仕。比起前期来，他消极多了，但他毕竟是一个曾经有所作为的、积极为民请命的诗人，此时的一些诗，仍然流露了他忧国忧民之心。

七里山塘，"白公"美名千古传

唐敬宗宝历元年（公元825年），白居易任苏州刺史，时年54岁，经历了仕途打击的他，没有一蹶不振，而是在释放闲适心情的游山玩水中，体察民间疾苦，为百姓做实事。他为苏州百姓做了不少实事，其中之一就是发动民工开掘了一条沟通南北的山塘河。

苏州自古便被称为"膏腴之地"，而阊门一带就是当时苏州繁华的代表。曹雪芹《红楼梦》中云：阊门乃红尘中一、二等富贵繁华之地。《姑苏繁华图》中也浓墨重彩地描绘了它。明朝时的一曲民歌《大九连环》唱出了苏州的富饶，唱出了古山塘的繁华。而揭开山塘街历史第一页的就是苏州刺史白居易。历史上的山塘街是古城区通往虎丘的主要通道。虎丘，苏州人称之为"吴中第一名胜"，相传春秋时为吴王行宫。在没有开凿山塘河之前，去虎丘的道路迂回曲折，艰涩难行。沿途河道多有淤塞，常有水涝发生。白居易每去一次，要先坐船，再下船从田间纵横的田埂上步行上山，倍感劳顿。他还发现由于河道堵塞，虎丘附近种植白兰花、茉莉花、玳玳花的花农们只好放弃水路，改走陆路，费力地肩挑着各种花向城里步行而去。见此情景，白居易不禁萌生一念，要在这里开河筑路。于是就有了后来的山塘河。这条河东起阊门渡僧桥附近，西至虎丘望山桥，长约 7 里，故俗称"七里山塘"。白居易利用河中挖起的泥土，顺势拓展河堤，垒石加固，又在堤岸栽柳种竹，间植"桃李莲荷数千株"，不仅解除了洪涝之忧，也可供车马往来驱驰。这条河在阊门与运河相接，在河塘旁筑堤，即山塘街。山塘河的开凿和山塘街的修建，大大便利了周边地区的灌溉和交通，使这一带成了热闹繁华的市井。从此，苏州就有了这条美丽的水街——山塘街。苏州百姓对这位造福一方的父母官很是感激。

白居易对虎丘有着特殊的钟爱。有诗《夜游西虎丘寺八韵》为证：

不厌西丘寺，闲来即一过。舟船转云岛，楼阁出烟萝。
路入青松影，门临白月波。鱼跳惊秉烛，猿觑怪鸣珂。
摇曳双红斾，婷婷十翠娥。香花助罗绮，钟梵避笙歌。
领郡时将久，游山数几何。一年十二度，非少亦非多。

可见他每月都要游虎丘一次。对山塘河的开凿筑路一事，在《武丘寺路》一诗中也有所记述："自开山寺路，水陆往来频。银勒牵骄马，花船载丽人。芰荷生欲遍，桃李种仍新。好住河堤上，长留一道春。"

《苏州府志》云白居易"居官勤瘁"，白居易自己也说"重裘每念单衣士，兼味尝思旅食人"，说明白居易不仅是中国诗史上少见的现实主义大诗人，而且是个深得百姓爱戴的清官。白居易在苏州兢兢业业地工作了一年时间。后因眼病日重，有一次竟因此从马上摔了下来，伤了腰腿，退休之心就越加迫切了。公元 826 年，五十五岁的白居易因病卸任，离开苏州。无论官员还是苏州百姓都垂泪相送，不忍别离。许多百姓随船送过十里之遥。白居易站在船头，望着两岸不舍离去的苏州百姓，洒泪写下了《别苏州》："浩浩姑苏民，郁郁长洲城。来惭荷宠命，去愧无能名。青紫行将吏，班白列黎氓。一时临水拜，十里随舟行。饯筵犹未收，征棹不可停。稍隔烟树色，尚闻丝竹声。怅望武丘路，沉吟浒水亭。还乡信有兴，去郡能无情。"唐诗人刘禹锡后来也有诗云："闻道白太守，抛官归旧溪。苏州十万户，尽作婴儿啼。"

白居易离任后，老百姓即把山塘街称之为白公堤，还在这里修建了白公祠，以作纪念。祠前题有一句深情的对联：

唐代论诗人，李杜以还，唯有几篇新乐府；
苏州怀刺史，湖山之曲，尚留三亩旧祠堂。

白居易建造山塘街虽然距今已有 1187 年，但几经修复，山塘街至今仍然完好地留存着。

在苏州一年多的时间里，白居易游遍苏州的山水名胜，钟爱感叹之余，甚至有些后悔自己曾经有过的偏见了。"云埋虎寺山藏色，月耀娃宫水放光。曾赏钱唐嫌茂苑（苏州），今来未敢苦夸张。"原来，较之杭州，苏州之美有过之而无不及啊！

不仅是虎丘、山塘留下了白居易的足迹，苏州的很多名胜都有其诸多诗作。

虎丘名胜——真娘墓，埋着的是一个命如纸薄、傲骨铮铮的凄苦女子：真娘。唐安史之乱时，真娘避乱逃至苏州，不幸沦落风尘，成为姑苏一代名妓，她守身如玉，鸨母逼其接客，真娘以死抗争，自缢身亡。白居易感伤之余，为之题诗云：

> 真娘墓，虎丘道。不识真娘镜中面，唯见真娘墓头草。霜摧桃李风折莲，真娘死时犹少年。脂肤荑手不牢固，世间尤物难留连。易销歇。塞北花，江南雪。

被列为"天平三绝"之一的白云泉相传就是诗人在天平山游玩时，觅得山间涓涓泉水一股，明澈洁净，沁人心脾，遂手书"白云泉"三字刻于山石之上，并题诗一首："天平山上白云泉，云本无心水自闲。何必奔冲山下去，更添波浪向人间。"

苏州拙政园中，在中园和西园分界的云墙边，有假山一座，山上有一座六角形的亭子，那就是"宜两亭"了。相传白居易与元宗简结邻而居，院落中有高大的柳树探出围墙，可为两家共赏。白居易就此事写诗赞云："明月好同三径夜，绿杨宜作两家春。"

白居易离开苏州后就未再回来过，但苏州在他的心中留下了非常美好的印象。他一再写诗回忆苏州，赞美苏州。苏州的香粽、鲜鹅、台榭、管弦、酒、船，甚至苏州的梅雨天，在诗人笔下也变得可爱起来了。最能体现这份深情的就是写给刘禹锡的《和梦得夏至忆苏州呈卢宾客》："忆在苏州日，常谙夏至筵。粽香筒竹嫩，炙脆子鹅鲜。水国多台榭，吴风尚管弦。每家皆有酒，无处不过船。交印君相次，褰帷我在前。此乡俱老矣，东望共依然。洛下麦秋月，江南梅雨天。齐云楼上事，已上十三年。"白居易还将苏州的白莲、白藕和太湖石等带去洛阳，借物寄情。以此曾赋《感白莲花》，诗云："白白芙蓉花，本生吴江濆。不与红者杂，色类自区分。谁移尔至此？姑苏白使君……""扬州驿里梦苏州，梦到花桥水阁头。"这便是具象的苏州了。相信白居易对苏州的桥也情有独钟，"黄鹂巷口莺欲语，乌鹊河头冰欲销。绿浪东西南北水，红栏三百九十桥"。此时的桥已然成为了苏州的象征。

白居易给予苏州的是永恒的瑰丽隽永！

白居易与苏州的点点滴滴，洒落在苏州大街小巷的每一块石板上，绽放在涓涓细流的每一朵浪花中……

白居易死后的第二年，宣宗继位，亲自写诗悼念他："缀玉联珠六十年，谁教冥路作诗仙？浮云不系名居易，造化无为字乐天。童子解吟长恨曲，胡儿能唱琵琶篇，文章已满行人耳，一度思卿一怆然。"对白居易诗歌创作的地位和影响给予了中肯的评价。能让一位皇帝亲自写诗加以夸赞，实属不易。唐宣宗对白居易加以"诗仙"的美名，亦是不为过的。白居易在官场中虽由于其刚正不阿的性格而屡屡受挫，但是他为官时为当地百姓做了不少好事、实事，杭州的"白堤"、苏州的"山塘"就是最好的鉴证。同时，正是由于他的政治失意，才会一再有感而发，从而给我们后人留下了像《长恨歌》、《琵琶行》等一系列让人拍案叫绝的佳作。白居易是一位一心为民的好官，也是一位"以诗纪事"的现实主义诗人，他是茫茫历史长河中一颗璀璨的恒星！

（撰稿人　李洁）

附录：

《新唐书·白居易传》

白居易，字乐天，其先盖太原人。北齐五兵尚书建，有功于时，赐田韩城，子孙家焉。又徙下邽。父亲庚，为彭城令，李正己之叛，说刺史李洧自归，累擢襄州别驾。

居易敏悟绝人，工文章。未冠，谒顾况。况，吴人，恃才少所推可，见其文，自失曰："吾谓斯文遂绝，今复得子矣！"贞元中，擢进士、拔萃皆中，补校书郎。元和元年，对制策乙等，调盩厔尉，为集贤校理。月中，召入翰林为学士。迁左拾遗。

四年，天子以旱甚，下诏有所蠲贷，振除灾沴。居易见诏节未详，即建言乞尽免江、淮两赋，以救流瘠，且多出宫人。宪宗颇采纳。是时，于頔入朝，悉以歌舞人内禁中。或言普宁公主取以献，皆頔嬖爱。居易以为不如归之，无令頔得归曲天子。李师道上私钱六百万，为魏征孙赎故第。居易言："徵任宰相，太宗用殿材成其正寝，后嗣不能守，陛下犹宜以贤者子孙赎而赐之。师道人臣，不宜掠美。"帝从之。河东王锷将加平章事，居易以为："宰相，天下具瞻，非有重望显功不可任。按锷诛求百计，不恤雕瘵，所得财号为'羡余'以献。今若假以名器，四方闻之，皆谓陛下得所献，与宰相。诸节度私计曰：'谁不如锷？'争哀割生人以求所欲。与之则纲纪大坏，不与则有厚薄，事一失不可复追。"是时，孙璹以禁卫劳，擢凤翔节度使。张奉国定徐州，平李锜有功，迁金吾将军。居易为帝言："宜罢璹，进奉国，以竦天下忠臣心。"度支有囚系閺乡狱，更三赦，不得原。又奏言："父死，縈其子，夫久系，妻嫁，债无偿期，禁无休日，请一切免之。"奏凡十馀上，益知名。

会王承宗叛，帝诏吐突承璀率师出讨。居易谏："唐家制度，每征伐，专委将帅，责成功。比年始以中人为都监。韩全义讨淮西，贾良国监之；高崇文讨蜀，刘贞亮监之。且兴天下兵，未有以中人专统领者。神策既不置行营节度，即承璀为制将，又充诸军招讨处置使；是实都统。恐四方闻之，必轻朝廷。后世且传中人为制将自陛下始，陛下忍受此名哉？且刘济等洎诸将必耻受承璀节制，心有不乐，无以立功。此乃资承宗之奸，挫诸将之锐。"帝不听。既而兵老不决。居易上言："陛下讨伐，本委承璀。外则卢攸史、范希朝、张茂昭。今承璀进不决战，已丧大将。希朝、茂昭数月乃入贼境，观其势，似阴相为奸，空得一县，即壁不进，理无成功。不亟罢之，且有四害。以府帑金帛、齐民膏血，助河北诸侯，使益富强，一也。河北诸将闻吴少阳受命，将请洗涤承宗，章一再上，无不许。则河北合从，其势益固。与夺恩信，不出朝廷，二也。今暑湿暴露，兵气熏蒸，虽不顾死，孰堪其苦？又神策杂募市人，不怩于役，脱奔逃相动，诸军必摇，三也。回鹘、吐蕃常有游侦，闻讨承宗历三时无功，则兵之强弱，费之多少，彼一知之，乘虚入寇，渠能救首尾哉？兵连事生，何故蔑有？四也。事至而罢，则损威失柄。只可逆防，不可追悔。"亦会承宗请罪，兵遂罢。

后对殿中，论执强鲠，帝未谕，辄进曰："陛下误矣。"帝变色，罢，谓李绛曰："是子我自拔擢，乃敢尔，我叵堪此，必斥之！"绛曰："陛下启言者路，故群臣敢论得失。若黜之，是箝其口，使自为谋，非所以发扬盛德也。"帝悟，待之如初。岁满当迁，帝以资浅，且家素贫，听自择官。居易请如姜公辅学士兼京兆户曹参军，以便养，诏可。明年，以母丧解，还，拜左赞善大夫。是时，盗杀武元衡，京都震扰。居易首上疏，请亟捕贼，刷朝廷耻，以必得为期。宰相嫌其出位，不悦。俄有言："居易母堕井死，而居易赋《新井篇》，言浮华，无实行，不可用。"出为州刺史。中书舍人王涯上言不宜治郡，追贬江州司马。既失志，能顺适所遇，托浮屠生死说，若忘形骸者。久之，徙忠州刺史。入为司门员外郎，以主客郎中知制诰。

穆宗好畋游，献《续虞人箴》以讽曰："唐受天命，十有二圣。兢兢业业，咸勤厥政。鸟生深林，兽在丰草。春蒐冬狩，取之以道。鸟兽虫鱼，各遂其生。民野君朝，亦克用宁。在昔玄祖，阙训孔彰：'驰骋畋猎，俾心发狂。'何以效之？曰羿与康。曾不是诫，终然覆亡。高祖方猎，苏长进言：'不满十旬，未足为欢。'上心既悟，为之辍畋。降及宋璟，亦谏玄宗。温颜听纳，献替从容。懔趋以出，鹞死握中。噫！逐兽于野，走马于路。岂不快哉？衔橛可惧！审其安危，惟圣之虑。"

俄转中书舍人。田布拜魏博节度使，命持节宣谕，布遗五百缣，诏使受之。辞曰："布父雠国耻未雪，人当以物助之。乃取其财，谊不忍。方谕问旁午，若悉有所赠，则贼未殄，布资竭矣。"诏听辞饷。是时，河朔复乱。合诸道兵出讨，迁延无功。贼取弓高，绝粮道，深州围益急。居易上言："兵多则难用，将众则不一。宜诏魏博、泽潞、定、沧四节度，令各守境，以省度支赀饷。每道各出锐兵三千，使李光颜将。光颜故有凤翔、徐、滑、河阳、陈许军无虑四万，可径薄贼，开弓高粮路，合下博，解深州之围，与牛元翼合。还裴度招讨使，使悉太原兵西压境，见利乘隙夹攻之，间令招谕以动其心，未及诛夷，必自生变。且光颜久将，有威名，度为人忠勇，可当一面，无若二人者。"于是，天子荒纵，宰相才下，赏罚失所宜，坐视贼，无能为。居易虽进忠，不见听，乃丐外迁。为杭州刺史，始筑堤捍钱塘湖，钟泄其水，溉田千顷。复浚李泌六井，民赖其汲。久之，以太子左庶子分司东都。复拜苏州刺史，病免。

文宗立，以秘书监召。迁刑部侍郎，封晋阳县男。大和初，二李党事兴，险利乘之，更相夺移，进退毁誉，若旦暮然。杨虞卿与居易姻家，而善李宗闵。居易恶缘党人斥，乃移病还东都。除太子宾客分司。逾年，即拜河南尹，复以宾客分司。开成初，起为同州刺史，不拜，改太子少傅，进冯翊县侯。会昌初，以刑部尚书致仕。六年，卒，年七十五，赠尚书右仆射，宣宗以诗吊之。遗命薄葬，毋请谥。

居易被遇宪宗时，事无不言，湔剔抉摩，多见听可。然为当路所忌，遂摈斥，所蕴不能施，乃故意文酒。既复用，又皆幼君，偃蹇益不合，居官辄病去，遂无立功名意。与弟行简、从祖弟敏中友爱。东都所居履道里，疏沼种树，构石楼香山，凿八节滩。自号醉吟先生，为之传。暮节惑浮道尤甚，至经月不食荤，称香山居士。尝与胡杲、吉旼、郑据、刘真、卢真、张浑、狄兼谟、卢贞燕集，皆高年不事者，人慕之，绘为《九老图》。

居易于文章精切，然最工诗。初，颇以规讽得失，及其多，更下偶俗好，至数千篇。当时士人争传。鸡林行贾售其国相，率篇易一金，甚伪者，相辄能辩之。初，与元稹酬咏，故号"元白"。稹卒，又与刘禹锡齐名，号"刘白"。其始生七月能展书，姆指"之"、"无"两字，虽试百数不差；九岁，暗识声律。其笃于才章，盖天禀然。敏中为相，请谥，有司曰文。后履道第卒为佛寺。东都、江州人为立祠焉。

赞曰：居易在元和、长庆时，与元稹俱有名，最长于诗，它文未能称是也，多至数千篇，唐以来所未有。其自叙言："关美刺者，谓之讽谕；咏性情者，谓之闲适；触事而发，谓之感伤；其它为杂律。"又讥"世人所爱惟杂律诗。彼所重，我所轻。至讽谕意激而言质，闲适思澹而辞迂。以质合迂，宜人之不爱也。"今视其文，信然。而杜牧谓："纤艳不逞，非庄士雅人所为，流传人间，子父女母交口教授，淫言媟语入人肌骨不可去。"盖救所失，不得不云。观居易始以直道奋，在天子前争安危，冀以立功。虽中被斥，晚益不衰。当宗闵时，权势震赫，终不附离为进取计，完节自高。而稹中道徼险得宰相，名望浊然。呜呼！居易其贤哉！

天地两沙鸥

——皮日休与陆龟蒙

大唐皇朝风雨飘摇的末年，北方战乱连年，已是千里赤野，白骨蔽原的景象，江南相对还比较宁静。

在吴淞江上，有一叶扁舟飘来，船上有一位头戴乌角巾的文士正在吟哦着诗句。有人知道，这是甫里先生陆龟蒙又要去松陵探望他的诗友皮日休了。甫里先生每有得意佳作就会想到朋友皮日休，而皮日休总会击节叹息之余拿出自己的和诗。同样的，皮日休有佳作也会与朋友陆龟蒙分享，期待着朋友的和诗。这就是历史上有名的"皮陆酬唱"。

当时的皮日休担任苏州从事，一个不起眼的小官，他卜宅松陵，以诗酒自娱。陆龟蒙则早早辞去了官职，归隐故乡甪直。从本质上来看，皮日休与陆龟蒙不是官场中人，只是两个隐士。诗圣杜甫曾经把自己比作在天地间漂泊的沙鸥，他说："飘飘何所似，天地一沙鸥。"而皮日休和陆龟蒙，这两位追求思想自由的诗人，则就像是在末世中孤独飞翔的沙鸥。

诗人皮日休

皮日休（834 至 839～902 以后），字袭美，一字逸少。居鹿门山，自号鹿门子，又号间气布衣、醉吟先生。襄阳竟陵人（今属湖北天门市）人。懿宗咸通八年（公元 867 年）登进士第。次年东游，至苏州。咸通十年为苏州刺史从事，与陆龟蒙相识，并与之唱和。其后又入京为太常博士，出为毗陵副使。僖宗乾符五年（公元 878 年），黄巢军下江浙，皮日休为黄巢所得。黄巢入长安称帝，皮日休任翰林学士。中和三年（公元 883 年），曾至同官县。

或许是因为曾经附逆的缘故，新、旧两《唐书》中都没有皮日休的传记，至于他的生死结局，正史也无可考。但五代及宋朝文人的一些笔记杂记中却有着不少记载。皮日休的结局，目前学术界大体有这样四种观点：一是为黄巢所杀；二是被朝廷诛杀；三是逃奔吴越，依附于钱镠；四是流寓于安徽宿州，并终老于此。如今采用第三种说法的为多。

皮日休的《皮子文薮》10 卷，收其前期作品，为懿宗咸通七年皮氏所自编。有《四部丛刊》影明本及中华书局排印萧涤非整理本通行。《全唐文》收皮日休文 4 卷，其中有散文 7 篇，为《文薮》所未收。《全唐诗》收皮日休诗，共 9 卷 300 余首，后 8 卷诗均为《文薮》所未收，1981 年上海古籍出版社出版萧涤非、郑庆笃重校标点本《皮子文薮》，将皮日休自编《文薮》以外的诗文附于书后。

现存皮日休诗文，都作于他参加黄巢农民军以前。他对当

时封建统治下的黑暗政治，早就有所不满。他认为："古之置
吏也，将以逐盗；今之置吏也，将以为盗。"又说："古之官
人也，以天下为己累，故己忧之；今之官人也，以己为天下
累，故人忧之。"（《鹿门隐书》）所以他肯定人民可以反抗暴
君，国君如"有不为尧舜之行者，则民扼其吭，捽其首，辱
而逐之，折而族之，不为甚矣"（《原谤》）。并指出孟子并不
否定商汤、周武王的推翻当代暴君，"古之士以汤、武为逆取
者，其不读《孟子》乎？"（《请孟子为学科书》）基于这种认
识，所以论文主张"上剥远非，下补近失"（《文薮序》），不
为空言；主张发愤著书，认为"昔者圣贤不偶命，必著书以
见志，况斯文之怨抑欤！"（《九讽系述序》）论诗也特别重视
美刺，反对浮艳，以为"乐府，盖古圣王采天下之诗，欲以
知国之利病，民之休戚者也。诗之美也，闻之足以观乎功；诗
之刺也，闻之足以戒乎政"；"今之所谓乐府者，唯以魏、晋
之侈丽，陈、梁之浮艳，谓之乐府诗，真不然矣"（《正乐府
序》）。这与白居易诗论的精神相通。但他并非不重视才华，
对李白诗的"五岳为辞锋，四溟作胸臆"（《七爱诗·李翰
林》）的雄奇风格，也予肯定。

　　皮日休的文章，如《忧赋》《河桥赋》《霍山赋》《桃花
赋》《九讽》《十原》《春秋决疑》《鹿门隐书》等，都是有所
为而作的。他的诗，包括两种不同的风格。一种继承白居易新
乐府传统，语言平易近人，以《正乐府》10 首、《三羞诗》3
首为代表。《三羞诗》其二写人民所受征兵之苦，其三写人民
遭旱蝗而流离饥饿之苦，《正乐府》的《卒妻怨》《橡媪叹》
《贪官怨》《农夫谣》《哀陇民》写人民种种不同遭遇之苦，

具体而生动地反映了当时社会的阶级矛盾和他同情人民、抨击暴政的态度。另一种诗，走韩愈逞奇斗险的一路，以在苏州时与陆龟蒙唱和描写吴中山水之作为代表，清代沈德潜说皮、陆"另开僻涩一体"（《唐诗别裁》）者即是。

皮日休最出名的诗歌或许是《汴河怀古》（其二）：

> 尽道隋亡为此河，至今千里赖通波。
> 若无水殿龙舟事，共禹论功不较多。

汴河，亦即通济渠。隋炀帝时，发河南淮北诸郡民众，开掘了名为通济渠的大运河。自洛阳西苑引谷、洛二水入黄河，经黄河入汴水，再循春秋时吴王夫差所开运河故道引汴水入泗水以达淮水。故运河主干在汴水一段，习惯上也呼之为汴河。隋炀帝开通大运河，消耗了大量民力物力。唐诗中有不少作品是吟写这个历史题材的，大都指称隋亡于大运河云云。第一句从隋亡于大运河这种论调说起，而以第二句反面设难，予以批驳。诗中说：很多研究隋朝灭亡原因的人都归咎于运河，视为一大祸根，然而大运河的开凿使南北交通显著改善，对经济联系与政治统一有莫大好处，历史作用深远。用"至今"二字，以表其造福后世时间之长；说"千里"，以见因之得益的地域之辽阔；"赖"字则表明其为国计民生之不可缺少，更带赞许的意味。此句强调大运河的百年大利，一反众口一辞的论调，使人耳目一新。这就是唐人咏史怀古诗常用的"翻案法"。翻案法可以使议论新颖，发人所未发，但要做到不悖情理，却是不易的。大运河固然有利于后世，但隋炀帝的暴行还是暴行，皮日休是从两个不同角度来看开河这件事的。当年运河竣工后，隋炀帝率众二十万出游，自己乘坐高达四层的"龙舟"，还有高三层、称为浮景的"水殿"九艘，此外杂船无数。船只相衔长达三百余里，仅挽大船的人几近万数，均著彩服，水陆照亮，所谓"春风举国裁宫锦，半作障泥半作帆"（李商隐《隋宫》），其奢侈靡费实为史所罕闻。第三句"水殿龙舟事"即指此而言。作者对隋炀帝的批斥是十分明显的。然而他并不直说。第四句忽然举出大禹治水的业绩来相比，甚至用反诘句式来强调："共禹论功不较多？"意思就是，论起功绩来，炀帝开河不比大禹治水更多些吗？这简直荒谬离奇，但由于诗人的评论，是以"若无水殿龙舟事"为前提的。仅就水利工程造福后世而言，两者确有可比之处。然而"若无"云云这个假设条件事实上是不存在的，极尽"水殿龙舟"之侈的炀帝终究不能同躬身治水、"三过家门而不入"的大禹相与论功，流芳千古。故作者虽用了翻案法，实际上为大运河洗刷不实的"罪名"，而炀帝的罪反倒更加实际了。作者生活的时代，政治腐败，已走上亡隋的老路，对于历史的鉴戒，一般人的感觉已很迟钝了，而作者却有意重提这一教训，意味深长。此诗以议论为主，在形象思维、情韵等方面较李商隐《隋宫》一类作品不免略逊一筹；但在立意的新奇、议论的精辟和"翻案法"的妙用方面，自有其独到处，不失为晚唐咏史怀古诗中的佳品。

思想家皮日休

皮日休被称为晚唐的思想家，主要体现于《皮子文薮》。这是他在入仕和参加农民军之前写的，所以在一定程度上还对挽救唐王朝抱有幻想，对儒家经典，特别是孔孟、王通、韩愈的思想推崇备至。也正因为如此，《皮子文薮》对后来的儒家思想才有较大的影响，受到后世文人学者的推崇。

皮日休认为，唐代300年的文化，虽说发达兴隆，但不脱周公孔子实践和学说的范围。因此，后世之"制礼作乐，宜取周书孔策为标准也。"至于不能以言拒杨墨、抑佛老者，皆"圣徒之罪人矣"。要维护封建统治的安定，就必须行儒家圣人之道。他主张立庠序，抓成均，就是借各级学校的古称谓来表达自己兴学崇儒，重建独尊儒术教育制度的思想。

民本主义教育思想是传统儒家教育思想的主要内容之一，在《孟子》一书中表现得较突出。可是，历代虽然都有人推崇孟子及其著作，但《孟子》一书一直没有被列入官定教材之内，中唐之后，唐代朝廷诏刻开成石经，《孟子》仍没有被列入其中。皮日休在《请孟子为学科书》一文中，特别强调《孟子》虽非经，而与经学精神不违，力主将其列入官定教材。

皮日休在唐末儒家思想领域中是极有影响的重要人物。《重刊宋本文薮序》曾言："皮子起衰周后千余年，当韩子道未光大之时，独能高出李伯泰、司马君实诸公所见，而创其说，继李汉、皇甫持正诸人，而力致其尊崇。非知孟、韩之深，而具有知言知人之识者，能乎？昔范文正以《中庸》授横渠张子，论者谓：'有宋一代，道学实自文正唱之。'然则孟子之得继孔、曾、思，而称'四子'，韩子之能超轶荀、杨，而上配孟子，虽经程、朱、欧，苏诸公表章论定，即谓其议，实自皮子开之，可也。"《四库全书总目提要》亦持同论。可见在唐宋之交，皮日休对儒家思想的改造和发展是很有积极意义和影响的。反映出儒佛道各家在多次交锋后的进一步相互浸透，及其在儒学正统派思想上发生的重要变化。研究唐末五代思想史者，必须认真分析皮日休的地位及特点。

诗人陆龟蒙

陆龟蒙生年不详，卒年则可能是公元881年，字鲁望，号天随子，苏州（今属江苏），长洲县人，居甫里（今角直），别号甫里先生、江湖散人等，晚唐文学家。举进士不中。曾为湖州、苏州从事。居松江甫里，有田数百亩，地低下，常苦水潦。经营茶园于顾渚山下，岁取租茶，自为品第。常携书籍、茶灶、笔床、钓具泛舟往来于太湖，后以高士召，不赴。去世后，唐昭宗于光化三年（公元900年）追赠右补阙。

早年的陆龟蒙热衷于科举考试。他从小就精通《诗》、《书》、《仪礼》、《春秋》等儒家经典，特别是对《春秋》有研究。在进士考试中，他以落榜告终。此后，陆龟蒙跟随湖州刺史张博游历，并成为张的助手。后来回到了故乡松江甫里（今江苏吴县东南角直镇），过起了隐居生活，后人因此称他为"甫里先生"。在甫里，他有田数百亩，屋30楹，牛10

头，帮工 20 多人。由于甫里地势低洼，经常遭受洪涝之害，陆龟蒙因此而常面临着饥馑之苦。在这种情况下，陆龟蒙亲自身扛畚箕，手执铁锸，带领帮工，抗洪救灾，保护庄稼免遭水害。他还亲自参加大田劳动，中耕锄草从不间断。平日稍有闲暇，便带着书籍、茶壶、文具、钓具等往来于江湖之上，当时人又称他为"江湖散人"、"天随子"。他也把自己比作古代隐士涪翁、渔父、江上丈人。在躬耕南亩、垂钓江湖的生活之余，他写下了许多诗、赋、杂著，并于唐乾符六年（公元 879年）卧病期间自编《笠泽丛书》，其中便有许多反映农事活动和农民生活的田家诗，如《放牛歌》《刈麦歌》《获稻歌》《蚕赋》《渔具》《茶具》等，而他在农学上的贡献，则主要体现在其小品、杂著之中。

陆龟蒙曾叙张祜诗，谓其乐府"知作者本意，短章大篇，往往间出，谏讽怨谲，时与六义相左右"。其自作也有《杂讽九首》、《村夜二篇》关心民生；《新沙》讽刺封建官员残酷剥削人民；《筑城词》揭露将军以人民生命求高功；都与皮日休乐府精神相近。他又有一些即景咏怀的近体，情趣清高，神韵颇佳。如七绝《怀宛陵旧游》、《白莲》等作，甚受清代神韵派诗人称道。但在苏州与皮日休唱和之诗，往往夸多斗险，有长达千字的大篇。胡震亨《唐音癸签》讥其"多学为累，苦欲以赋料入诗"，赵执信《谈龙录》谓其"以笔墨相娱乐"，翁方纲《石洲诗话》说："晚唐之渐开松浮者，莫如皮陆之可厌。此所谓不揣其本而齐其末也。"

陆龟蒙小品文的成就，胜于其诗。如《田舍赋》《后赋》《野庙碑》《登高文》等篇，对当时残暴腐朽的封建统治者以及封建道德迷信，作了辛辣的讽刺，具有独特的光彩和锋芒。

农学家陆龟蒙

如果说皮子是晚唐的思想家，陆龟蒙则可以说是一位农学家。隋、唐以后，特别是"安史之乱"以后，中国的经济重心开始移向南方，使得长期以来"火耕水耨"的南方农业走上精耕细作的道路。其标志便是以"耕、耙、耖"为核心的耕作技术体系的形成。而总结这一体系的便首推陆龟蒙，他在《耒耜经》一文中写道："耕而后有爬，渠疏之义也，散垈去芟者焉。爬而后有礰礋焉，有礰礋焉。"他还根据自己对"象耕鸟耘"传说的理解，对精耕细作的技术体系提出了"深耕疾耘"的原则。

在耕、耙、耖的技术体系中，耕是最重要的一环。"工欲善其事，必先利其器。"陆龟蒙对当时江东一带重要的水田耕作农具——犁的各部构造与功能作了记述和说明，写了《耒耜经》一文。

耒耜本是两种原始的翻土农具，传说农业始祖神农氏"断木为耜，揉木为耒"，实际上最初的耒只是一尖头木棒，后来又在尖头木棒的下端安装了一个短棒，用于踏脚这便是耜。使用耒耜的方式，有一人的"力田"，二人的"耦耕"，三人或多人的"劦（协）田"。后来随着金属工具和兽力的使用，耒耜便进化为犁。初期的犁仅仅是将原来耒耜一推一拔，改为连续推拔。到秦汉时，犁已具备犁铧、犁壁、犁辕、犁梢、犁底、犁横等零部件，但多为直的长辕犁。长辕犁回转不灵便，尤其不适合南方水田使用。唐代时长辕犁改进为曲辕犁，并在江东一带广泛使用。

曲辕犁根据《耒耜经》记载，江东曲辕犁为铁木结构，由犁铧、犁壁、犁底、压镵、策额、犁箭、犁辕、犁评、犁建、犁梢、犁槃等11个零部件组成。犁铧用以起土；犁壁用于翻土；犁底和压镵用以固定犁头；策额保护犁壁；犁箭和犁评用以调节耕地深浅；犁梢控制宽窄；犁辕短而弯曲；犁槃可以转动。整个犁具有结构合理、使用轻便、回转灵活等特点，它的出现标志着传统的中国犁已基本定型。陆龟蒙还对各种零部件的形状、大小、尺寸作了详细记述，十分便于仿制流传。

《耒耜经》一共记载了4种农具，除江东犁以外，还有爬、礰礋和碌碡，是中国最早的一部农具专著，也是第一篇谈论江南水田农业生产的专文。

陆龟蒙还有钓鱼、饮茶、作诗的嗜好，他对各种渔具和茶具都有了解，并为之写诗歌咏。

养鱼之法世传有《陶朱公养鱼经》，而于取鱼之法却付诸阙如，实际上捕鱼远在养鱼之前，捕鱼之法和捕鱼之具必定更多。陆龟蒙据自己多年垂钓江湖的经验，做了《渔具十五首并序》及《和添渔具五篇》，对捕鱼之具和捕鱼之术作了全面的叙述。在《渔具十五首》"序"中，介绍了13类共19种渔具和两种渔法。19种渔具中有属于网罟之类的罛、罾、翼、罩等；有属于笭之类的筒和车；还有梁、笱、箄、罺、叉、射、梂、神、沪、舴艋、笭箵。这些渔具主要是根据不同的制造材料和制造方法，以及不同的用途和用法来划分的。两种渔法即"或以术招之，或药而尽之"。凡此种种，正如他自己所说："矢鱼之具，莫不穷极其趣。"陆龟蒙的好友皮日休对他的渔具诗十分赞赏，认为"凡有渔已来，术之与器，莫不尽于是也"。在《和添渔具五篇》中，陆龟蒙还以渔庵、钓矶、蓑衣、箬笠、背篷等为题，歌咏了与渔人息息相关的五种事物。总的说来是非常全面的。

陆龟蒙诗渔具之外，陆龟蒙还有《和茶具十咏》，对茶具作了叙述。唐代的饮茶风气很盛，陆本人就是个嗜茶者，他在顾渚山下开辟了一处茶园，每年都要收取租茶，并区分为各种等级。顾渚山在浙江湖州，是个著名的产茶区。据《郡斋读书志·杂家类》载，茶圣陆羽著有《顾渚山记》2卷。当年陆氏与皎然、朱放等论茶，以顾渚为第一。陆羽和皎然都是当时的茶叶名家，分别著有《茶经》和《茶诀》。陆龟蒙在此开设茶园。深受前辈的影响，他写过《茶书》一篇，是继《茶经》、《茶诀》之后又一本茶叶专著。可惜《茶诀》和《茶书》均已失传。唯有陆羽的《茶经》3卷传世。尽管陆龟蒙的《茶书》已失传，然而他所作的《和茶具十咏》却保留了下来，"十咏"包括茶坞、茶人、茶笋、茶籝、茶舍、茶灶、茶焙、茶鼎、茶瓯、煮茶等10项，有的为《茶经》所不见，可与之对照研究。

作为农学家，陆龟蒙的贡献不仅在于农业器具方面，其他诸如植物保护、动物饲养等方面也多有建树。他对柑桔害虫桔蠹的形态、习性及自然天敌作了仔细的观察，写了《蠹化》一文，尽管他的用意在于借物抒怀，然而此文却是一篇古代关于柑桔害虫生物防治的史料。陆龟蒙观察了凫（野鸭）和鹭（海鸥）对稻粮的危害。写有《禽暴》一文，提出了网捕和药杀的防治办法。陆龟蒙还强调了田鼠对水稻的危害性，写有《记稻鼠》一文，提到了驱赶和生物防治两种防治办法。在动物资源保护方面，他大声疾呼保护渔业资源，在《南泾渔父》一诗中说："孜孜戒吾属，天物不可暴。大小参去留，候其孳养报。终朝获渔利，鱼亦未常耗。"竭力反对"药鱼"这种破坏渔业资源的做法，极力提倡"种鱼"，采收鱼卵，远运繁殖，借以保护渔业资源。

皮陆酬唱

皮日休为苏州从事，陆龟蒙是苏州人，他们时相唱和，诗作数量很多，合编为《松陵集》，这是皮、陆并称的一个由来。松陵唱和集，又名《松陵集》，以吴中地望得名。这本唱和集记载了二人从咸通十年到十二年间创作的六百多首作品。从内容上看，这些唱和诗多围绕酒、茶、渔钓、赏花、玩石等琐物碎事以及闲情逸致展开，特别注意将日常生活中的器具、景物、人事作为诗歌创作的材料；在艺术技巧上，往往追求险怪，纤巧冷僻，甚至写有千余字的长篇，故常有拼凑对偶、以多为贵的弊病，一些诗评家甚至认为皮陆唱和是"以笔墨相娱乐"。二人还有一些名为"吴体"的拗律，造语诘屈，用意也在于消闲遣闷。皮陆唱和是当时诗坛唱和风气盛行的产物，同时也是唐代继元白唱和后影响甚大的私人唱和集。

如皮日休写了一首《醉中寄鲁望一壶并一绝》：

门巷寥寥空紫苔，先生应渴解醒杯。

醉中不得亲相倚，故遣青州从事来。

　　此诗写皮日休一个人喝醉了酒，感到十分寂寥，就想到他的好友陆龟蒙此时可能没有酒喝，就派人送去了美酒，表达了他对陆的真挚情谊。鲁望是陆龟蒙的字。醒杯指酒。青州从事是好酒的隐称。典出《世说新语·术解》：桓公（桓温）有主簿善别酒，有酒辄令先尝，好者谓"青州从事"，恶者谓"平原督邮"。

　　陆龟蒙看到这首诗后，十分感动，就写了一首和诗，题目是《和袭美醉中以一壶寄》，其诗曰：

　　　　酒痕衣上杂莓台，犹忆红螺一两杯。
　　　　正被绕篱荒菊笑，日斜还有白衣来。

　　此诗写作者正在思渴饮酒的时候，傍晚忽然有人送来了美酒，真是雪中送炭。龚美是皮日休的字。红螺指酒。白衣，原指官府仆役，后常用以指代送酒的使者。

　　在一个春天的夜半，皮日休酒醉醒来，面对红烛，独自彷徨，此时又想起了故友，于是写了一首《春夕酒醒》寄给陆龟蒙。其诗是：

　　　　四弦才罢酒蛮奴，醽醁余香在翠炉。
　　　　夜半醒来红蜡短，一枝寒泪作珊瑚。

　　醽醁，古代美酒名，典出南朝盛弘之《荆州记》：渌水出豫章康乐县，其间乌程乡有酒官，取水为酒，酒极甘美。与湘东酃湖酒，年常献之，世称酃渌酒。

陆龟蒙接到诗后，又和了一首题为《和龚美春夕酒醒》，他写的也是夜里酒后醒来的情景。其诗曰：

> 几年无事傍江湖，醉倒黄公旧酒垆。
>
> 觉后不知明月上，满身花影倩人扶。

傍是靠近，傍江湖是说生活于江湖之上。黄公旧酒垆，原指晋竹林七贤饮酒处。此处指作者与皮日休仿效竹林七贤的放达纵饮。

在他们大量的唱和诗中，还有涉及到茶的，皮日休有《茶中杂咏》十首之多，陆龟蒙有《奉和袭美茶具十咏》。皮日休在《茶中杂咏》诗的序中，对茶叶的饮用历史作了简要的回顾，并认为历代包括《茶经》在内的文献中，对茶叶的各方面的记述都已是无所遗漏，但在自己的诗歌中却没有得到反映实在引以为憾。这也就是他创作《茶叶杂咏》的缘由。皮日休将诗送呈陆龟蒙后，便得到了陆龟蒙的唱和。他们的唱和诗内容包括茶坞、茶人、茶笋、茶籯、茶舍、茶灶、茶焙、茶鼎、茶瓯、煮茶十题。几乎涵盖了茶叶制造和品饮的全部，他们以诗人的灵感、丰富的词藻，艺术、系统、形象地描绘了唐代茶事，对茶叶文化和茶叶历史的研究，具有重要的意义。

如皮日休在《煮茶》诗中这样唱道：

> 香泉一合乳，煎作连珠沸。

时看蟹目溅，乍见鱼鳞起。

声疑松带雨，饽恐生烟翠。

尚把沥中山，必无千日醉。

陆龟蒙针对皮日休的《煮茶》诗是这样应和的：

闲来松间坐，看煮松上雪。

时于浪花里，并下蓝英末。

倾馀精爽健，忽似氛埃灭。

不合别观书，但宜窥玉札。

就这样的一唱一和，他俩把中国的茶文化，表现得妙趣横生，更把彼此间那种品茗的意趣刻画得入木三分。在二人交往的生涯中，他们以诗歌的形式，为后人留下了诗意的《茶经》。

晚唐向来以小李杜为代表，但事实上小李杜与元白韩孟相去不远，小李杜谢世以后，晚唐还延续了五十年，这五十年中，堪称文坛翘楚的一般认为是皮陆，也就是皮日休与陆龟蒙。作为晚唐"惟歌生民病"的现实主义诗人的代表，他们的诗文，批判锋芒相当尖锐。

鲁迅在《小品文的危机》中这样评价皮陆："唐末诗风衰落，而小品放了光辉。但罗隐的《谗书》，几乎全部是抗争和愤激之谈；皮日休和陆龟蒙自以为隐士，别人也称之为隐士，而看他们在《皮子文薮》和《笠泽丛书》中的小品文，并没有忘记天下，正是一塌糊涂的泥塘里的光彩和锋芒。"

（撰稿人　李国彬）

附录1：

《新唐书·陆龟蒙传》

陆龟蒙，字鲁望，元方七世孙也。龟蒙少高放，通《六经》大义，尤明《春秋》。举进士，一不中，往从湖州刺史张抟游，抟历湖、苏二州，辟以自佐。尝至饶州，三日无所诣。刺史蔡京率官属就见之，龟蒙不乐，拂衣去。

居淞江甫里，多所论撰，虽幽忧疾痛，赍无十日计，不少辍也。文成，窜稿箧中或历年不省，为好事者盗去。得书熟诵乃录，雠比勤勤，朱黄不去手，所藏虽少，其精皆可传。借人书，篇秩坏舛，必为辑褫刊正。乐闻人学，讲论不倦。

有田数百亩，屋三十楹，田苦下，雨潦则与江通，故常苦饥。身奋锸，薅刺无休时，或讥其劳，答曰："尧、舜微胝，禹胼胝。彼圣人也，吾一褐衣，敢不勤乎？"嗜茶，置园顾渚山下，岁取粗茶，自判品第。张又新为《水说》七种，二慧山泉，三虎丘井，六松江。人助其好者，虽百里为致之。初，病酒，再期乃已，其后客至，携壶置杯不复饮。不喜与流俗交，虽造门不肯见。不乘马，升舟设蓬席，赍束书、茶灶、笔床、钓具往来。时谓江湖散人，或号天随子。后以高士召，不至。李蔚、卢携素与善，及当国，召拜左拾遗。诏方下，龟蒙卒。光化中，韦庄表龟蒙及孟郊等十人，皆赠右补阙。

陆氏在姑苏，其门有巨石，远祖绩尝事吴为郁林太守，罢归无装，舟轻不可越海，取石为重，人称其廉，号"郁林石"，世保其居云。

译文：

陆龟蒙，字鲁望，是陆元方的七世孙。陆龟蒙少年的时候，高傲豪放，通晓《六经》的大义，尤其精通《春秋》。参加进士考试，第一次落第后，便跟随湖州刺史张抟游历。后来张抟在湖州和苏州两地做官，便征召他辅佐自己（即让他做了自己的幕僚）。陆龟蒙曾经到达饶州，整整三日，没有去拜访任何人。刺史蔡京带着自己的一班官吏来见他，陆龟蒙很不高兴，就此归隐田园。

居住在淞江甫里，陆龟蒙写了许多论著，尽管深愁满怀，疾病缠身，钱物甚至连十天的用度也不够，但他还是没有停止写作。文章写成之后，便将稿子塞进箱子，甚至几年也不去查阅它，被多事的人盗去。得到一本书后读得滚瓜烂熟才抄录下来，仔细加以核对，朱黄两色笔墨（古人校点书籍时用之以示区别）从不离开手，他所藏的书虽然很少，但都是可以流传的精品。借了人家的书，篇章次序损坏或是有错乱，他都一定要帮助进行辑补删除，加以刊正。他喜听别人的学说，讲论从不疲倦。

陆龟蒙有田几百亩，房屋三十多间。农田因为地势低下，下大雨便与江水连成一片，因此常常面临饥饿之苦。他亲自扛着畚锸，耕耘除草，从不休息。有人讥笑他太劳苦了，他回答说："尧舜因劳作变得又黑又瘦，大禹也是手上长满了老茧，他们那些圣人尚且这样，我一个平民百姓，能不勤劳吗?"喜好粗茶，在顾渚山下建置了一个茶园，把每年收取来的粗茶，自己进行品评划分等级。张又新写有《水说》七种，其中列第二的是慧山泉，第三是虎丘井，第六是松江。有人愿意成全他的嗜好，尽管是百里之外，也要帮他弄到好水。当初，他因饮酒过量而生病，过了两年才好。后来，客人来了，他只拿着壶摆着杯，但不喝酒。他不喜欢与一般庸俗之人交往，就算到他门上，也不肯接见。不乘马，只坐船，船上设有帐篷和席子，往来时带上一捆书，一个茶炉，文房四宝和书桌、渔具。当时有人称他为"江湖散人"，有人号他为"天随子"、"甫里先生"，他把自己则比作"涪翁"、"渔父"、"江上丈人"。后来朝廷曾以"高士"的荣誉征召他，他不去。李蔚、卢携平素与他的关系很好，到他们主持国事时，征召他担任左拾遗。诏书刚下，陆龟蒙就死了。光化年间，韦庄曾上书表彰陆龟蒙及孟郊等十人，都被赠与"右补阙"。

　　陆氏的祖籍在姑苏，屋门前有块巨石，陆氏的远祖陆绩曾经在吴国担任郁林太守，被罢免回家时，一点行装也没有，由于船太轻不可以过海，便拿石头作为重物压船底，人们称颂他的廉洁，号为"郁林石"，世世代代将之保存在他的故居。

附录2：

《北梦琐言》关于皮日休的记载

　　咸通中，进士皮日休上书两通。其一，请以孟子为学科。其略云"臣闻圣人之道不过乎经。经之降者不过乎史。史之降者不过乎子。子不异道者，孟子也。舍是而诸子者必斥乎经史，为圣人之贼也"云云。文多不载。请废庄列之书，以孟子为主，有能通其义者，其科选请同明经也。其二，请以韩愈配飨太学。其略曰"臣闻圣人之道不过乎求用。用于生前则一时可知也；用于死后则万世可知也"云云。又云："孟子、荀卿翼辅孔道，以至于文中子。文中子之道旷矣，能嗣其美者，其唯韩愈乎！"日休字袭美，襄阳竟陵人，幼攻文，隐于鹿门山，号醉吟先生。初至场中，礼部侍郎郑愚以其貌不扬，戏之曰："子之才学甚富，其如一日何？"对曰："侍郎不可以一日而废二日。"谓不以人废言也，举子咸推伏之。官至国子博士，寓苏州。与陆龟蒙为文友，著《文薮》十卷，《皮子》三卷，人多传之。为钱镠判官。

译文：

咸通年中，进士皮日休两次上奏书。第一次，要求把《孟子》作为学习科目。大致是说："我听说圣人的道理，没有超过经书的；次于经书的是史书，次于史书的是诸子文章。诸子文章不离开圣人之道的，是《孟子》。除此而外的各派学者，一定排斥经书史书，是圣人的灾害，文献上大多不记载。请求废除《庄子》、《列子》之类的书，而以《孟子》为主。有能贯通它的义理的，经过明经考试进行科举选拔。"第二次，他请求让韩愈在太学里享受祭祀。大致是说："我听说圣人的主张不过是要求有用。活着时用了，一时可以知道；死后用了，万代相传都可以知道。"又说："孟子、荀卿，保护辅佐孔子学说，传到文中子王通。文中子的学说太阔大了，能继

承他的精华的，大概只有韩愈吧！"皮日休字袭美，是襄阳竟
陵人，自幼钻研文章，隐居在鹿门山，号"醉吟先生"。初次
到官场中，礼部侍郎郑愚见他其貌不扬，便戏弄说："你很有
才学，但又能对一个日（指皮日休）怎么样呢？"皮回答说：
"侍郎不可因为一个日而废掉两个日（昌）。"举子们都很佩服
他。皮日休任国子博士时，住在苏州，和陆龟蒙是文学朋友。
著有《文薮》十卷，《皮子》三卷，人们争相传颂。当时做了
节度使钱镠的判官。

丹心篇

一代文章百世师

——复社中坚张溥

张溥（1602～1641），初字乾度，后改天如，号西铭，苏州太仓娄东人，明代著名的文学家、政治活动家。张溥所处的明朝末期，国家危机四伏、矛盾重重。而婢女所生的他在家中地位低下，受尽族人的轻慢。在这样的社会背景和家庭状况下，他从小立志刻苦学习，成年后努力实现自己的人生抱负。他与郡中名士结为复社，评议时政，是东林党①与阉党斗争的继续。文学上，他推崇前后七子的理论，主张复古，但要经世致用。他一生著述颇丰，尤擅散文、时论，堪称明代文坛巨匠，被人称为"百世师"。

---

① 东林党是明代晚期以江南士大夫为主的政治集团。公元1604年，顾宪成等修复宋代杨时讲学的东林书院，与高攀龙等讲学其中，"讲习之余，往往讽议朝政，裁量人物"，其言论被称为清议，形成了广泛社会影响。"三吴士绅"、在朝在野的各种政治代表人物、东南城市势力、某些地方实力派等，一时都聚集在以东林书院为中心的东林派周围。时人称之为东林党。

嗜学如命

万历三十五年（公元 1607 年），太仓娄东一个私塾里，几个调皮的孩子在屋子里打打闹闹，先生拿着戒尺气呼呼地拍打着桌面，却无人理睬。只有最小的那个孩子，始终安静地坐在自己的座位上，手里拿着《诗经》摇头晃脑地诵读着，如入无人之境。先生叹了一口气，走到他面前，温和地问道："张溥，你在读哪一篇呢？""《卫风·淇奥》。""会背吗？"七岁的小张溥站起来朗朗念道："瞻彼淇奥，绿竹猗猗。有匪君子，如切如磋，如琢如磨。瑟兮僩兮，赫兮咺兮，有匪君子，终不可谖兮！瞻彼淇奥，绿竹青青。有匪君子，充耳琇莹，会弁如星。瑟兮僩兮，赫兮咺兮，有匪君子，终不可谖兮！瞻彼淇奥，绿竹如箦。有匪君子，如金如锡，如圭如璧。宽兮绰兮，猗重较兮，善戏谑兮，不为虐兮！"他一气背下，一字不差。先生连连点头，又问道："那可知'如切如磋，如琢如磨'是何意？""是说君子的自我修养就像对骨器切了还要磋，像对玉器琢了还要磨。"先生听了大为宽慰，赞道："你如此聪明好学，日后必有出息！"

其实张溥并不是天才儿童，他入学时才六岁，因年龄尚小，对先生所教的书记忆和理解有限。曾有一次，先生让张溥背诵一篇文章。开始的时候，他背得还很流利，可是背着背着，后面的内容就记不起来了。先生很生气，用戒尺打了他，责骂他读书不用功，罚他回家把这篇文章手抄十遍。张溥感到十分委屈，但他十分要强，一回到家中，立即准备好了笔和纸，开始认真抄写文章。这篇文章有点长，但他一笔一划写得无比认真，等他抄完以后，已经是深夜了。第二天来到私塾，先生让他背昨天的文章。这下可把张溥急坏了，他昨天只顾着抄书，没有特意去背诵。看着先生那严肃的样子，他只得硬着头皮背了起来。谁知奇迹发生了，上句刚一出口，下句居然就跟着脱口而出，一会儿工夫就把全篇文章一字不差的顺利背了出来，而且还没有一次停顿。先生听后，满意地摸了摸胡须，点了点头。张溥深深感受到认真苦学的好处，从此以后他再也没有让先生失望过。他所读过的书一定要用手抄下来，抄完了，朗读一遍，立刻将纸焚烧掉，然后接着再抄，如此重复六七次才停止。长此以往，他右手拿笔杆的地方，时间一长都磨出了老茧；冬天手上皮肤冻裂了，几乎每天用热水浸泡许多次，泡暖以后又继续练习。别的孩子都在玩，不解他为何这样用功，他说："这样我才能把所读的书牢牢记住，以后用起来就灵活自如了。"

这个爱读书的孩子慢慢长大了，出于对小时候嗜学情形的刻骨铭心，他把自己的书房命名为"七录斋"，以纪念自己七录七焚的苦读经历。

泰昌元年（公元1620年），十九岁的张溥已补博士弟子，声名鹊起。这一年，他结交同里的张采，两人成为平生最知心的朋友。天启三年（公元1623年），张溥邀请张采到他的"七录斋"共同学习，一起学习了五年。在五年的时间里，两人亲密无间，形影相依，共同交流与进步，成就了一段兄弟般的友谊。世人称他们为"娄东二张"。这时的张溥，研究学问更加用功，竟到了废寝忘食的地步。有一天，张采前来看望他，吃惊地发现他一边低头看着书，一边正拿着粽子去蘸墨汁，吃得满口乌黑一片。张采哭笑不得，指着他说不出话来。张溥这才发现自己的吃墨行径，笑呵呵地说道："肚中墨水多多益善。"

一个寒冷的冬天夜晚，张溥埋头读书，直到油灯耗尽，他才抬起头，忽然看见窗外光照如天明，以为天亮了，打开窗户一看，原来屋外下了一场大雪，积雪达一尺深，他竟然丝毫没有察觉。他嗜读已到分不清白天还是黑夜的地步！别人笑他迂腐，但他依然我行我素，像往常一样孜孜不倦地学习。

创立复社

张溥从小志向远大，想成为一代大儒。他年方弱冠已名声在外，而且一天比一天名气大，开始广交名人贤士，探讨学问，以文会友。

明代江南素以经济发达、文化繁荣著称于世。但是，各种社会矛盾也特别尖锐复杂。当地文人士儒往往采取以聚会结社的形式，一面联络感情，结交名贤，一面学习制艺，议论时政，从中积累和壮大自己参政的势力。当时干预政权影响最大的是"东林党"。天启四年（公元1624年），阉党魏忠贤逆势方炽，罗织罪状，陷害东林党人以及朝中刚正之士，闹得整个朝廷乌烟瘴气，社会一片黑暗，人人自危。血气方刚的张溥不畏强权，顶着逆风，慨然与一些志同道合反对阉党的江南文人在苏州创立应社。应社人员刚开始有张采、杨廷枢、杨彝、顾梦麟、朱隗、吴昌时等十一人。他们各有自己的任务，为来自各地求学者讲解五经。张溥、朱隗讲解《易》；杨廷枢、吴昌时、钱旃主讲解《书》；杨彝、顾梦麟讲解《诗》；张采、王启荣讲解《礼记》；周铨、周钟讲解《春秋》。后来又有夏允彝、陈子龙、吴应箕等人加入。张溥的讲解精彩独到，以古讽今，畅所欲言。很快，要来这里求学和拜访的人越来越多，应社的名气也越来越大，有识之士都想加入应社，并且以加入应社为荣。安徽的徽州、宁国、池州、太平、淮阳、庐州、凤阳，浙江的宁波、绍兴、金华、衢州等郡县的名士相继加入应社。于是，"应社之名，闻于天下"。

天启六年（公元1626年），在苏州发生了一起永载史册的市民抗暴事件。东林党人周顺昌因反对魏忠贤被解职回乡。不久，魏忠贤派缇骑到苏州逮捕仗义执言的周顺昌。这一举动激起了苏州士民的愤怒，他们先是自发请愿，却遭到镇压。在忍无可忍的情况下，人们一拥而上把缇骑活活打死。魏忠贤闻讯后惊恐万状，令当地官府捉拿了颜佩韦、杨念如、马杰、沈扬、周文元等为首的五名市民予以处决。所幸第二年，魏忠贤就失势被流放而死，苏州百姓捣毁了他在山塘街上的生祠，并集资将颜佩韦等五人合葬于魏祠原址，题为"五人之墓"。张溥与应社社友一同来到五人墓前拜祭，见到墓碑只是块无字之石，不由扼腕叹息："如此英雄之碑，居然无墓志铭传扬于世，如何对得起长眠于此的五位义士？"于是他慷慨激昂地写下了传诵千古的名篇《五人墓碑记》。文中写道："嗟夫！大阉之乱，缙绅而能不易其志者，四海之大，有几人欤？而五人生于编伍之间，素不闻诗书之训，激昂大义，蹈死不顾，亦曷故哉？且矫诏纷出，钩党之捕遍于天下，卒以吾郡之发愤一击，不敢复有株治；大阉亦逡巡畏义，非常之谋难于猝发，待圣人之出而投缳道路，不可谓非五人之力也。"他给予了五位平民英雄至高的历史评价！

崇祯元年（公元 1628 年）春，张采考中进士，张溥以选贡生入京师太学。两个形影不离的好朋友一起来到京城。当时，各位贡生都愿意结交他们，争抢着与他们见面，一下聚集了很多人，最后人多到张溥不得不在太学举办了一次成均大会。京城内外名人大儒，也都放下身架前来拜访。一时间，文人墨客，争相前往，每天车辆来来往往，络绎不绝，由是"娄东二张"响遍整个京城。张溥和张采亲眼看到京城黑恶势力猖狂不绝，使得正义之气得不到伸张，于是在京城集合众士组织成立"燕台社"，从学习制艺进而涉及品评朝政。

张溥的威望在士人中已完全树立，他也以天下为己任，决定引领正统把所有文社整合起来。他的想法得到了吴江县令熊开元的支持，崇祯二年（公元 1629 年），吴江召开尹山大会，将南北各地文社合为一个复社。取名复社的目的是希望和四方各地的有志之士共同兴复古学，进而能经世致用。它以江南为中心，是东南第一大社，归入其内的各地文社有：江南应社，松江几社，苏州羽朋社、匡社，浙西闻社、庄社，浙东超社，江北南社，江西则社，历亭席社，昆阳云簪社，武林读书社，山左大社，中州端社，莱阳邑社，黄州质社等十几个文社。在张溥、张采的领导下，复社订立规章制度，制定程课，培养人才，以拯救封建统治为最重要的任务。由各郡县推举一人为社长，负责各郡县的日常事务。其党众甚多，遍及天南地北，分布于江苏、安徽、浙江、江西、福建、广东、广西、湖南、湖北、河南、河北、北京、山东、山西、陕西、四川、云南、贵州等省，仅有姓名可考者即达三千零二十五人。复社声震朝野，张溥也更加有威望了，朝野间几乎无人不知、无人不晓。

崇祯三年（公元1630年）秋，张溥中举人，在金陵召开复社第二次大会。第二年春天，张溥到京师会试，张溥为会魁。等到殿试的时候，张溥授庶吉士。当时的内阁首辅周延儒第一次见到张溥，对他十分赏识，恩礼有加。张溥有了周延儒的器重，办事得以放开手脚，却也因此招来一些人的嫉妒，当时内阁大臣温体仁等权贵对他有所不满。这一时期，张溥怀着敬仰之心，还在北京拜见大科学家徐光启，虚心向他求教。他为徐光启博览群书，特别是经世致用的治学精神深深感动，也深受启发。

崇祯五年（公元1632年）冬，张溥的父亲去世，张溥请假回归故里，安葬其父，然后居家著述，于是大江南北的学者纷纷来到他家，拜其为师。崇祯六年三月，张溥通知各地分社社长，在苏州虎丘召开复社第三次大会。这次大会，山左、江右、晋、楚、浙各地的复社成员，坐船坐车络绎而来，到会者达几千多人。虎丘寺大殿人满为患，殿外生公台、千人石一带也挤满了人群，座无虚席、观者如潮。精明的商人甚至还以复社为卖点，制作有复社字样的碑刻，吸引众人围观。虎丘热闹非凡，会场内外人山人海，水泄不通，人们都以能加入复社为荣。这次集会规模之大、气氛之热烈，为千年未遇之奇观。由于复社声名远播，许多地方士子们的私家船舶上悬挂的灯笼，都写着"复社"字样，人们争相效仿，一时传遍各乡各县。虎丘大会展现出来的轰动效应，证明张溥与复社的名望已达到了极点，而这正是江南士绅要求参政的呼声日益高涨的深刻反映。

引社参政

能够成为一代大儒，不仅因为张溥文章出众，而且因为他为人宽厚热情，有兼容并包的风度，尤能奖掖后进。各地士子纷纷登名入社，争入张溥门下，复社可谓门庭若市。

正由于他提携进门弟子不遗余力，士子们争先恐后地想要加入复社。复社规模急剧扩大，一下从成立时的六百八十人增加到三千零四十三人。成员遍布全国各地，主要集中于太湖周边地区的苏州、松江、常州、镇江、嘉兴、杭州、湖州七府之地，有一千二百二十六人；又以苏州府为最多，有五百零六人。一些士子把张溥的名声当作科举考试的法宝，希望凭借他的一封推荐信，来改变自己十年寒窗的仕途命运。几年之间，许多复社成员相继登第，声动朝野，很多人自称是张溥门下，从之者几万余人。

崇祯六年（公元1633年）六月，周延儒与温体仁的权利斗争达到白热化，结果以周延儒辞官、温体仁继任首辅而告终。这时温体仁的弟弟温育仁想要加入复社，未被许可，于是恼羞成怒的他指使别人编写《绿牡丹传奇》①，故意丑化复社，

① 明末吴炳所作。字可先，号石渠，晚年又自称"粲花主人"，生于明神宗万历二十三年（公元1595年），今江苏宜兴宜城镇人，是明代末年著名的戏曲作家。

影射张溥、杨彝、周钟等复社名士，极尽嘻笑怒骂之能事，在其家乡浙江进行大肆宣传。《绿牡丹传奇》上演后，当地社友深感耻辱，致书张溥和张采，要求洗刷清白。张溥亲自前往浙江，向担任浙江督学副使的好友黎元宽求援。黎元宽出面，销毁了攻击复社的《绿牡丹传奇》刊本，并且追究作者的诽谤罪。只是碍于温体仁的面子，温育仁未受到直接处理，他的奴仆成为替罪羊被关进了监狱。

张溥不畏强权，复社中人争相传颂，但是他也因此结怨了温体仁。温体仁立即展开报复，向皇帝呈上秘密奏疏，借口纠正社会风气、振兴学政，要求对黎元宽加以处分。结果，黎元宽被革职查办。这事激起复社成员的极大不满，自此以后，复社不断上疏弹劾温体仁。温体仁唯恐张溥在家乡还能够"干预朝政"，就派遣自己亲信到苏州府一带担任地方官，想要置复社和二张于死地。于是，几年之中攻击复社的奏疏络绎不绝，说是二张"倡导复社以乱天下"，这自然引起了朝廷忌惮。自此张溥的处境日日不安，直至崇祯十年（公元1637年）温体仁被罢免，才有所好转。

温体仁下台后，阁臣虽然内外兼用，但是没有一个令皇帝感到满意。很多人都推举周延儒，说他做事机巧灵敏，经过复社众人打通各路关节，周延儒终于复出，重任首辅。皇帝给予他少师兼太子太师、吏部尚书、中极殿大学士等头衔，寄予厚望，希望能够在他的辅政下出现中兴气象。张溥认为时局得到扭转，十分振奋，与张采等人研究了改革国事的诸多主张，最后把得出的建议写成两册呈给周延儒。周延儒当时慨然答应，说："我一定锐意执行，绝不辜负诸公对我的期望"。他开始重用复社之人，革除前任弊政，免除战乱百姓欠税，起用有名望朝臣等一系列扭转政局的建议，朝政焕然一新。

精神不灭

正当复社形势一片大好之际，崇祯十四年（公元 1641 年）五月，张溥突然暴卒于家，带着救国之梦不甘心地离去，时年仅仅四十岁。

张溥之死成为千古之谜，有人说他是得了急病，也有人说他是遭人忌讳被下药毒死的。他书生意气、锋芒毕露，可毕竟不敌弄权政客的绵里藏针和精心算计。张溥死后，千里内外文人学士无不失声恸哭，复社更是痛失砥柱。人们纷纷作诗哀惋痛惜："读罢惊魂似梦里，千行清泪不成悲"，"八月胥江浊浪奔，租屋千人缟素为招魂"，"南冠君子朔风前，慷慨西行倍可怜"。为纪念这位大儒，大家私下为他追赠谥号叫"仁学先生"。这位以天下为己任的大儒就这样英年早逝，令人扼腕叹息，但是他的精神力量永远不灭。在他的带领下，提倡气节、注重操守的复社培养出无数爱国名士，诸如陈子龙、夏允彝、侯岐曾、杨廷枢、顾炎武、黄宗羲、归庄、陆世仪、瞿式耜、文震孟……他们和复社的精神领袖张溥一样，为晚明历史留下光辉的一笔！

张溥的一生虽然短暂，却留下无数著作。他著有《七录斋集》，包括文 12 卷，诗 3 卷；辑有《汉魏六朝百三家集》；《春秋三书》32 卷；《历代史论二编》10 卷；《诗经注疏大全合纂》34 卷；为《宋史纪事本末》及《元史纪事本末》补撰论正；还写过记载当时博弈娱乐概况的《万宝全书》。他思想深远、才华出众，涉猎经、史、文学各个方面。他提倡熔经铸史，整理古籍文献，倡导"经世致用之学"，关心和研究社会问题。他文笔跌宕，感情激越，《五人墓碑记》千古传诵，被收为《古文观止》第一篇。在他死后，崇祯皇帝有次问起张溥，周延儒说道："这是个读书好秀才。"在御史刘熙祚、礼科给事中姜埰等人竭力推荐下，崇祯皇帝下诏征集张溥所著之书，总共辑录到他的著述三千余卷。张溥被世人誉为："十年著作千秋秘，一代文章百世师"。

他虽只是一介书生，却满怀一腔热情，追寻天下正义，只是不幸成长于晚明风雨飘摇的没落时代，想要凭借一己之力拯救摇摇欲坠的明朝天下，谈何容易。但因为他的精神所在，文章所在，终于成为百世之师，永存天地正气之间。

（撰稿人　戈春源　郭丁）

附录：

《张溥传》

张溥，字天如，太仓人。伯父辅之，南京工部尚书。溥幼嗜学。所读书必手钞，钞已朗诵一过，即焚之，又钞，如是者六七始已。右手握管处，指掌成茧。冬日手皲，日沃汤数次。后名读书之斋曰"七录"，以此也。与同里张采共学齐名，号"娄东二张"。

崇祯元年以选贡生入都，采方成进士，两人名彻都下。已而采官临川。溥归，集郡中名士相与复古学，名其文社曰复社。四年成进士，改庶吉士。以葬亲乞假归，读者若经生，无间寒暑。四方啖名者争走其门，尽名为复社。溥亦倾身结纳，交游日广，声气通朝右。所品题甲乙，颇能为荣辱。诸奔走附丽者，辄自矜曰："吾以嗣东林也。"执政大僚由此恶之。里人陆文声者，输赀为监生，求入社不许，采又尝以事抶之。文声诣阙言："风俗之弊，皆原于士子。溥、采为主盟，倡复社，乱天下。"温体仁方枋国事，下所司。迁延久之，提学御史倪元珙、兵备参议冯元扬、太仓知州周仲连言复社无可罪。三人皆贬斥，严旨穷究不已。闽人周之夔者，尝为苏州推官，坐事罢去，疑溥为之，恨甚。闻文声讦溥，遂伏阙言溥等把持计典，己罢职实其所为，因及复社恣横状。章下，巡抚张国维等言之夔去官，无预溥事，亦被旨谯让。

至十四年，溥已卒，而事犹未竟。刑部侍郎蔡奕琛坐党薛国观系狱，未知溥卒也，讦溥遥握朝柄，己罪由溥，因言采结党乱政。诏责溥、采回奏，采上言："复社非臣事，然臣与溥生平相淬砺，死避网罗，负义图全，谊不出此。念溥日夜解经论文，矢心报称，曾未一日服官，怀忠入地。即今严纶之下，并不得泣血自明，良足哀悼。"当是时，体仁已前罢，继者张至发、薛国观皆不喜东林，故所司不敢复奏。及是，至发、国观亦相继罢，而周延儒当国，溥座主也，其获再相，溥有力焉，故采疏上，事即得解。

明年，御史刘熙祚、给事中姜埰交章言溥砥行博闻，所纂述经史，有功圣学，宜取备乙夜观。帝御经筵，问及二人，延儒对曰："读书好秀才。"帝曰："溥已卒，采小臣，言官何为荐之?"延儒曰:"二人好读书,能文章,言官为举子时读其文,又以其用未竟,故惜之耳。"帝曰:"亦未免偏。"延儒言:"诚如圣谕,溥与黄道周皆偏,因善读书,以故惜之者众。"帝颔之,遂有诏征溥遗书,而道周亦复官。有司先后录上三千余卷,帝悉留览。

溥诗文敏捷。四方征索者,不起草,对客挥毫,俄顷立就,以故名高一时。卒时,年止四十。

(《明史》卷二百八十八,列传第一百七十六,文苑四)

歌哭任性为谁鸣
——明末爱国遗民归庄

> 画竹不作坡，非吾土也；荆棘在旁，终非其伍也。亭亭高节，落落贞柯，严霜烈风，将奈我何！

——归庄①

序　幕

南明弘光元年（公元 1645 年），清顺治二年，清军长驱直入，一路南下。四月，扬州被陷，十日屠城，血雨腥风开始弥漫中华大地。五月十五日，清军占领南京，弘光政权沦亡。江宁巡抚土国宝下令各地百姓必须剃发留辫以示臣服，并威胁"留头不留发，留发不留头！"，违抗者将被视为"逆命之寇"屠戮。以江阴秀才许用为首倡言："头可断，发决不可剃也。"一股浩然气节震撼了忍无可忍的江南民士，人们纷纷奋袂而

---

① 归庄为拒不仕清的好友吴鹿友赠画墨竹，并作《题墨竹为吴鹿友相公》，表明明朝遗民坚贞不二的立场。

起，参入到反清斗争的行列，或军民齐心守城，或组织义兵，联络抗清队伍，一时间温柔江南顿成千林扫叶的战场。

壮图宁复俟河清

六月初的昆山，似乎不同于往日风光。那咿咿呀呀、清柔婉转的"水磨腔"不再飘扬于小巷深处、楼馆之间。人们行色匆匆，聚在一起时脸色异常，严肃沉重。"剃发、杀头……"到处都是窃窃私语的声音。

听雨轩里，往常热闹的茶馆今日客人却寥寥无几。楼上只有几个二三十岁模样的青年士子围坐在墙角一张八仙桌旁，面前泡着一壶上好的虎丘白云茶，此时此刻却无人有这种心情去品茗。"玄恭兄，就、就按你的意思做！"一个长相不俗，却略有些口吃的白衣青年对着一旁的青色儒服男子压低了嗓音说道。

青衣男子微微颔首，脸上线条棱角分明，给人一种豁达坚强的感觉。

他叫归庄，字玄恭，是明朝经学大师归有光的曾孙。归家几代寒儒，虽然家境败落，但仍保持书香大家的风范，胸怀民族大义。归庄兄弟四人，除去大哥早夭，二哥归昭在去年民族危难存亡关头赶赴扬州，投在史可法阁部军中，三哥归继登谒选留都，为南明效命。就连他志同道合的好朋友顾炎武也被荐任为兵部司务。归庄却因要侍奉年迈的祖母和父母而留在了昆山，不免有壮志难酬、无以报效国家之失落感。但他与城中一帮好友仍关注着一切政治动向。清军势不可挡，刚刚建起不久的南京小朝廷很快成为覆巢。就在两个月前，扬州城破，二哥随军在西门浴血奋战，最终壮烈牺牲。一个月前，长兴城破，又赫然传来三哥的噩耗。归家男儿连连捐躯，留下了伤心欲绝的弱质女流和几个年幼无知的孩子。弟兄几个如今只剩下他一人，他还得忍着悲痛，独自承担起保护家族、赡养父母长辈的重担。国仇家恨，让归庄更加愤懑难忍。南京小朝廷灭亡后，吴中一带义士的抗清活动并没有因此落下帷幕，到处是义旗高扬。归庄也加入了原郧阳抚院王永祚组织的义军，与原昆山知县杨永言、翰林院编修朱天麟等人一起谋划起兵之事。

凶残野蛮的清军一路烧杀抢掠，铁蹄所到之处夷为鬼城。清军占领各地后，又出"剃发令"等高压政策来统治奴役汉族百姓。听说镇江知府贴出的告示是"一人不剃全家斩，一家不剃全村斩"。被屠杀的无辜百姓的人头堆积成山，到处都是一片黑云压城城欲摧的恐怖气氛。原本是昆山县丞的阎茂才，靠投敌当上了昆山知县，为了向主子邀功，一上任就命全县百姓交纳高额税款给满清朝廷，同时下了必须剃发的死令。对于国破家亡的江南百姓来说，留住本民族的传统装扮已经是精神上最后的底线，在汉人观念里，"身体发肤，受之父母"，损之则为不孝。要他们把头发剃成一半光秃一半留着金钱鼠尾辫的怪样简直是奇耻大辱。尽管到处都是骇人听闻的血腥屠杀，但人们还是毫不妥协，反抗此起彼伏。

此次归庄与众友的集会，便是暗中布置杀阎抗清大计。白衣青年是顾天逵，虽有口吃之疾却非常聪明睿智，他的弟弟顾天遴则为人沉稳，他们与归庄过从甚密，有着反清复国的共同心愿。众人商量下来，一致同意要在这个扯虎皮做大旗的"阎王"大开杀戒之前就先发制人，夺回昆山作为抗清的据点。

闰六月十三日，这一天，原本神气活现的阎茂才听到了有人要杀他的风声，不由有些惴惴不安。他知道自己这个靠当汉奸换来升职的位置做得并不稳妥，县衙里的一众公差今早都不见踪影，怕是事情不妙了。于是他都顾不上收拾这些天搜刮来的金银财宝，只叫上身边的随从掩护着，想从后门开溜。不料刚出后门，就被一群怒气冲冲的百姓团团围住。"狗贼，往哪里走？"人们呼喝着，冲上来将阎茂才一顿痛殴，他的满清金钱鼠尾辫也被一把纠住，撕扯间顿时披头散发狼狈不堪。阎茂才被拖到了武庙前的校场上，那里已经聚集了两三千人，既有秀才儒生、士绅乡绅，也有走卒贩夫、佃农小工，领头的正是闻名乡里的归庄。众人把瑟瑟发抖的阎茂才拎到归庄面前，问："归大人，如何处置这狗贼？"归庄鄙夷地瞥了眼跪在地上连连磕头求饶的阎茂才，唾骂道："你背主投敌，是为不忠！你剃发媚胡，是为不孝！你出卖同族，是为不义！如此不忠不孝不义之人，留在世上何用？快去向先皇请罪吧！"周围的人群怒吼着："杀了他！杀了他！"突然有一名屠夫冲上前来，手起刀落，一下结果了地上汉奸的可耻生命。在场三千义士齐声高呼："驱逐鞑子，复我大明；驱逐鞑子，复我大明！"震耳欲聋的呼声响彻云霄，久久徘徊在昆山城的上空。

这一次乡民的起义，暂时将昆山城从满清手中夺回。原明朝狼山总兵王佐才被推选为主帅，婴城固守。杨永言等人也同时募兵入城，共襄战事。然而清军来势汹汹，攻打不断，义军被包围后弹尽粮绝，无以回天。七月初六，昆山城再次沦陷，守城主帅王佐才被俘杀害。清军进城后大肆屠戮无辜百姓，杀红了眼的士兵像嗜血怪兽一般，不论男女老少，逢人便斩。人们四处逃散，走投无路的被迫跳到河里，却还是难逃一死。上千名妇孺躲在山顶竹林深处一个僧寮里，没想到一声婴儿的哭啼，立刻引来禽兽般的清兵。他们冲入竹林将僧寮搜戮殆尽，举起兵器对着手无寸铁的妇女儿童大开杀戒，在一片凄惨的哀号哭喊声中，山上瞬间血流奔泻，如涧水暴下，山清水秀的人间天堂顿变地狱景象。本来只有五万人的蕞尔小城在这场浩劫中竟一下遇难达四万之众，其中五分之二的人是被清兵进城时杀戮而死，五分之一走投无路沉河投缳自尽，五分之一被俘沦为奴隶终难逃一死，只有剩下五分之一的人逃走或藏匿起来幸免于难。归庄也是幸存者之一，他在屠城之前就将父母转移到昆山城外李巷故庐，但是已为国捐躯的两位兄长的妻子却都来不及逃走，在这场浩劫中悲惨死去，她们的几个孩子也在战乱中失去踪影，生死未卜。

七月十二日，归庄悄悄潜回昆山，寻找嫂子的遗骸和侄儿女们的下落。此时城中，依然横尸载道，到处是触目惊心的斑斑血迹，家家户户门阖紧闭，道路两旁人迹已绝，只有寒蝉在树间悲鸣，似在控诉着异族侵略者的凶残暴虐。国祸家难，人世间惨痛之事莫过于此，从此昆山不复往日之美好。昆山之役，归庄的亲朋好友死伤无数，骨肉分离、死生瞬间的情景让他永世难忘。事后他写下无数忧愤悲怆的作品，一曲《悲昆山》尤在江南遗民中传唱：

悲昆山！昆山城中五万户，丁壮不得尽其武。愿同老弱妇女之骸骨，飞作灰尘化作土。

悲昆山！昆山有米百万斛，战士不得饱其腹，反资贼虏三日谷。

悲昆山！昆山有帛数万匹，银十余万斤。百姓手无精器械，身无完衣裙。乃至倾筐篚，发窦窖，叩头乞命献与犬羊群。呜呼，昆山之祸何其烈！良由气懦而计拙。身居危城爱财力，兵锋未交命已绝。城陴一旦驰铁骑，街衢十日流膏血。白昼啾啾闻鬼哭，乌鸢蝇蚋食人肉。一二遗黎命如丝，又为伪官迫慑头半秃。

悲昆山！昆山诚可悲，死为枯骨亦已矣，那堪生而俯首事逆夷！拜皇天，祷祖宗，安得中兴真主应时出，救民水火中。歼郅支，斩温禺①。重开日月正乾坤，礼乐车书天下同！

　　这一年的遭遇令归庄终生难忘。自从兄嫂遇难、侄女们下落不明后，没隔多久，老父亲郁郁而终。不幸的事接二连三，他年幼的小儿也因贫病交困而夭折，家中流传几代的藏书亦在战乱中散失殆尽。又到除夕，往日正是一家团圆最热闹的时分，然而此时的江南山河破碎、今非昔比，几乎家家户户都在哭祭亡人，到处都是白纸化为的灰蝴蝶在风中幽幽飞舞，阴霾笼罩着昆山城的上空。他无处可去，惟有与好友顾天逵在一个破庐中对酒浇愁，用诗词唱和来排解心中烦忧。酒入愁肠化为

---

① 郅支，匈奴单于；温禺，匈奴贵族称号，这里借指满清政府。

诗，看着窗外凋敝萧瑟的景象，他挥笔又是一首："颇闻城市少人烟，处处哀号焚纸钱。叹老嗟卑非我事，家忧国恨只今年。"两人写着念着，不由潸然泪下，此刻烈酒也再无法麻痹他们痛苦的心！

虽做头陀不解禅

昆山之役后，归庄被清廷指名搜捕，他只好避难他乡、遁迹湖海。为了保命也为了保全自己不降清的意志，他落发为僧，号称"普明头陀"，从此一身儒装换为僧装。

然而他本非浮屠中人，之前从不信佛，隐遁也只是权宜之计。就如他自己所说："天下奇伟磊落之才，节义感慨之士，往往托于空门；亦有居家而髡缁者，岂真乐从异教哉，不得已也！"当时逃禅的明朝遗民数以百计，遁入空门并非真的了断尘缘，他们心中更多的是不甘，是在等待时机，等待黑暗世界重见光明。顺治三年（公元 1646 年），与归庄一同躲避在苏州光福邓尉山上的同道中人有名士杨廷枢、叶绍袁，他们都是为了抵制清朝的剃发令而改服僧帽衲衣。与归庄情谊深厚的顾天逵、顾天遴兄弟也都削发为僧。然而第二年，杨廷枢就因好友陈子龙抗清一事受牵连，且因坚决不肯剃发降清而遭杀害。而顾天逵因在吴县潭山顾家祖墓藏匿陈子龙，而与弟弟顾天遴、岳父侯歧曾同时被捕遇难。随后其父顾咸正及两名叔父也被处死，一门忠烈，共赴黄泉。

曾经的知己战友——凋零，归庄唯有寄情山水，南渡钱塘、北涉江淮，在故国名山川前凭吊古今、痛哭流涕。所幸与他"同乡同学又同心"的顾炎武还在，两人少年时期曾一起加入过复社，怀抱着满腔爱国之情指点江山、激扬文字，明亡后积极参与到江南各地的抗清活动中，两人不与俗同的言行被时人称为"归奇顾怪"。顺治七年（公元1650年），他们又一同参加了吴江的"惊隐社"。这个诗社又叫"逃社"，以寓在惊恐惶乱之余逃脱现世、隐迹山林的遗民结成的社团。他们绝意仕进，身着角巾野服、芒鞋箬笠，优游诗酒，啸歌林泉。但他们并非真的隐士，内心深处，还是背负着儒士"修身、齐家、平天下"的历史使命感，希望维系汉家正统文化不致旁落。他们认为读书应经世致用、为民造福。他们祭祀每一位心性高洁的民族精神领袖，如屈原、陶渊明、杜甫、林逋、郑思肖，以表明自己忠贞报国和独善其身的决心。

归庄最为推崇南宋遗民郑思肖。就在那内忧外患的崇祯末年间，苏州一座古寺的枯井中惊现郑思肖的泣血遗著《心史》，记述其亲历宋朝被外族入侵而亡国的悲痛史，文字歌哭任性、慷慨激昂，闻者无不触动心旌、感伤落泪。当时明廷风雨飘摇、危如累卵，人们对书中所述感同身受，江南士民一时广为传诵。郑思肖能诗善画，所绘墨兰从不见土根，意谓宋土沦亡成无根无凭之人。归庄对郑思肖推崇至极，尊称他为"圣之徒"。归庄和他崇拜的对象一样，不但是个忠实虔诚的本族遗民，而且都是诗、书、画各臻化境的高手。他喜欢画竹，因为竹子傲霜独立的不屈精神正是他所向往的境界。同时他效仿前贤的无土之兰，所画墨竹冷淡疏直，从不作坡，以示亡国之痛。

不知不觉，他已步入不惑之年，青春与故国一样在他的生命中一去不复返，但他的投笔、仗剑之志，一刻没有消失过。入清以后，他四处颠沛流离，家中境况越来越潦倒。顺治九年（公元1652年），归庄40岁，他随抗清高士万寿祺同赴淮阴，表面上做万寿祺儿子的老师，实际与顾炎武、万寿祺共商抗清复明大计。

万寿祺也是个奇人。此人名冠江东，其诗文书画、琴棋剑器、百工伎艺无不通晓。明亡后，他与陈子龙等友人共同招募义师起兵抗清。事败，陈子龙投水自尽，万寿祺也身陷囹圄，差点被杀，清政府许他只要投降就可免去一死，但他宁死不肯降清。后因关押他的狱吏是前朝降吏，对他暗中同情，他才得以在被囚狱两月之后，侥幸逃脱回到江北。从此他隐居在淮阴乡下，髡首僧衣，与妻子灌园自给，过着亦僧亦农的生活。这次他专程赶到江南，将归庄一同接回。

万家草庐位于女娥山下，只见山间古木苍苍，门前绿荫蔽日，一方轻鸿照影的池子，水面上正冒出点点新萍。眼前世外桃源般的风景让归庄暂时忘却了心中烦忧。进入屋内，只见荆壁绳床，可以看得出这家境况清寒。"来，睿儿，见过你的老师归先生！"万寿祺叫出自己的儿子万睿，这位15岁的少年来到归庄面前，恭恭敬敬地行了拜师礼。万的妻子也是吴人，看到归庄倍感亲切。大家都和乐融融，像一家人一样。虽然在这里只能吃到粗茶淡饭，归庄却感到十分温暖。他一面认真地给万睿传授生平所学，一面与万寿祺诗文酬唱、歌哭笑骂。万寿祺每日纵酒狂吟，一天喝得酩酊大醉，痛骂当今世道夷蛮得势作威作福，他提议写《狗诗》来喻清朝解恨。归庄欣然和之，挥笔写下："狗国斗中宿，何缘入紫垣①？遂令汝种类，一夜满乾坤。似虎不成形，疑猩未解言。只今论六畜，此物俨称尊。"由于万寿祺忧愤成疾，身体早已羸弱不堪。两人相见恨晚，却只短短相聚了一个多月时间，万寿祺便怀着"国破未雪、家散无成"的遗恨抱憾而逝。

万寿祺的突然离世打乱了所有人的阵脚，于归庄而言失去了一个气味相投的知己，于江南江北的抗清义士们而言失去了一个核心力量，于万家的老弱妇孺而言失去了一个顶梁柱。归庄忍着悲痛，忙前忙后，一面帮着万家料理后事，一面继续传授教育万睿。他写信给他们共同的朋友，通知万寿祺的死讯，并积极向朋友们征求万寿祺的行状和墓志。顾炎武接讣后，也立刻素车白马急走九百里前来哭祭。好友相见，无语凝咽。归庄在给万寿祺的挽词中写道："希踪陶令卜南村，蔬圃茅堂蓬荜门。千里吴侬初托迹，一朝楚客不归魂。西风古陌飘灵旐，白日空庭照佛幡。不负重泉孤子在，未容占毕问朝昏。"他还写了《哭万寿祺五首》，对亡友高度评价，称其"节士不多有，豪杰尤罕见。惟君不世才，胸臆苞宇宙"。过了一年多，万睿扶父亲的灵柩返回老家徐州，归庄陪同送到运河，为故友送了最后一程。

归庄回到昆山，他东奔西走，终于在亲友中募集到百余金，将历经国难亡故的亲人们——祖父母、父母、二嫂、三哥三嫂的遗骨归葬在位于九保巨字圩的新冢中，只有二哥归昭随史可法战死沙场，尸骨无存，只好为他立了一个衣冠冢。面对

---

① 紫垣，传说中天帝的宫殿，这里代指皇宫。

一抔黄土之隔的亲人，他伏土啜泣，渍泪湿土。完成这场"泣血负土"的隆重仪式后，他又在墓侧搭了个简易茅庐，在此在这里住下隐居。

又过数年，他的好朋友顾炎武遭遇一场劫难，乡里某豪强为侵吞顾氏地产，而买通顾家仆人告发顾炎武与沿海抗清的郑成功有联络，顾炎武迫不得已以家法处置了恶仆，因此被抓下狱。危急关头，归庄找到了钱谦益求他搭救，官府最后判顾炎武无罪释放。然而豪强却不肯放过他，又派刺客追杀。顾炎武只好背井离乡、北上山东。归庄为他饯行，并作《送顾宁人北游序》，他为好友鸣不平，揭示豪强横行霸道、巧取豪夺的面目，一面又安慰自己的好朋友，激励他"寻道于天下"。此去顾炎武终成"博学于文"的大家，成就了另一番伟业。

而归庄留在了昆山，以卖自己的书画为生，拒不仕清。他一贫如洗、家徒四壁，所住茅草屋柴门破烂无法掩闭，逢雨天便漏个不停，天气一冷便像他自己诗中所述："凉夜抱单衣，凄风入肌骨。"屋内的桌椅缺脚少面都散架了，只好用草绳结扎起来，他干脆在门匾上写上"结绳而治"四个大字，并自撰居室对联："入其室，空空如也；问其人，嚣嚣然曰。"后来他的长子外出谋生不知所终，不久传来凶讯。他越发变得癫狂，每天都纵酒狂歌，酒到酣处便长篇短咏脱口而出、书画笔墨挥洒淋漓。

他到处寄寓佛门，然而心中的焦虑忧愤让他无法真正入禅，"愁心天地共无边，那可忘情学坐禅"。在给高僧红云的一封信中写道："仆二十余年来，虽貌为头陀，犹难忘世。今则已矣，才既不展，身又不死，如在阱之虎；既耻同流俗，又不能长往，如触藩之羊。视大禅师之蝉蜕域外，凤翥云中，叹羡之余，不胜其自愧也！"他把自己比喻成陷阱中的困兽、徒劳撞墙的羊儿。随着时间的推移，清朝的统治越来越巩固，抗清的力量越来越微弱。归庄知道大势已去，内心深处万般无奈，他以落花比喻抗清志士，作了一首《落花诗》："江南春老叹红稀，树底残英高下飞。燕蹴莺衔何太急！涴多茵少竟安归？阑干晓露芳条冷，池馆斜阳绿荫肥。静掩蓬门独惆怅，从他芳草自菲菲。"他感叹着生存环境的恶劣，在清朝的残酷打压下，志士们越来越无容身之地，随波逐流者却越来越多，但他仍坚定表明自己独善其身的决心。

此时，顾炎武远游北方、奔走王事，归庄每每念及故友都不胜唏嘘，他们参商两地，只能鱼雁传书。他写信给顾炎武："昔柳子厚之窜于南方，怀其祖先不若马医畦之鬼，无享岁时之祭，君独无邱墓之思乎？"言下之意，希望好友能回故乡看看。但两人最终未能再见上一面。康熙十二年（公元1673年），归庄61年岁，这年春天，由他整理多年的归有光著作《震川先生文集》终于刊刻。也许是身心太疲惫了，8月，他溘然长逝。顾炎武在山东章丘闻耗大恸，为了怀念远隔万里的亡友，他特意在桑家庄设奠遥祭，含泪写下叙事抒情的诗篇：

哭归高士

弱冠始同游，文章相砥砺。中年共墨衰，出入三江内。
悲深宗国墟，勇画澄清计。不获骋良图，斯人竟云逝。
峻节冠吾侪，危言警世俗。常为扣角歌，不作穷途哭。
生耽一壶酒，没无半间屋。惟存孤竹心，庶比黔娄躅。

太仆经铿铿，三吴推学者。安贫称待诏，清风播林野。

及君复多材，儒流嗣弓冶。已矣文献亡，萧条玉山下。

郦生虽酒狂，亦能下齐军。发愤吐忠义，下笔驱风云。

平生慕鲁连，一矢解世纷。碧鸡竟长鸣，悲哉君不闻。

顾炎武缅怀流逝的岁月，思念亡友，抒发哀情，一种真情实感流淌交融在此诗中。少年不知愁，共为少年游。那璀璨文章又正是发挥雄心壮志，经世致用的大好载体。相互切磋，相互琢磨，才气横溢，志趣相投。进入中年，眼看清军入侵，国土沦丧，生灵涂炭。为了报效祖国，挥袖奋起，出入三江，联络抗清志士，策划杀敌大计，谁知壮志未酬，斯人已逝！那郦食其好读书，又好酒，人称狂生，家贫落魄，却胸怀大略，助汉退齐军；鲁仲连奔走列国，排难解纷，义不帝秦，拒名利，甘清贫，逃隐海上，啸傲长空，作伴大海，他们正是顾炎武与归庄历史上的挚友；发愤吐忠义，下笔驱风云，也正是顾归二人留下的不可磨灭的身影，千秋孤臣一片心。

长歌当哭万古愁

斯人已去，斯节永存。

那一年，归庄以一首散曲《万古愁》惊倒四座。

万古愁

〈起诗〉谱得新词叹古今，悲歌击筑动哀音；莫嫌变徵声呜咽，要识孤臣一片心。

〈曼声引〉混沌元包，却被那老盘皇无端罗啐。生喇喇捏两丸金弹子，撮几粒碎尘铣。瞒天造谎，云是乌飞兔走；岳镇也江潮，弄这虚嚣。

〈入拍〉老女娲，你断甚么撑天鳌？老巢氏，你架甚么避风巢？那不识字的老庖牺，你画甚么偶和奇？那不知味的老神农，你尝甚么卉和草？更有那惹祸招非的老轩辕，你弥天摆下了鱼龙阵，匝地张成虎豹韬，留下一把万劫的杀人刀。

〈放拍〉笑笑笑，笑那唠叨置闰的老唐尧，何不把自己的丹朱儿教导？笑那虞廷受禅的女夫姚，你终日里咨稷契，拜皋陶，命伯禹，杀三苗，省方巡狩远游遨。到头来，只落得湘江两泪悲新竹，衡岳枯骸葬野蒿。试向那九疑山前听杜宇，一声声叫，不如归去好。

〈前调换拍〉可怜那崇伯子①，股无毛，平水土，克勤劳，他家生得贤郎好。却不道转眼儿，果被那寒家小羿夺了头标②。更找一出没下梢的桀，放死在南巢。小子履③，真无道，听一个老农夫，开口便把君王剿。只道是三宗享国能长久，七圣风流正可标。谁知六百祀，梦一觉，冤家到，不相饶。琼台万焰磷清冷，只首孤悬太白摇，方信道果报昭昭。

〈合拍〉你看那仗黄钺，阵云高，逞鹰扬，血流漂，

---

① 崇伯子，崇伯鲧之子，即大禹治水的大禹。

② 指夏后氏之君后羿，为寒浞所杀。

③ 商汤名履，老农夫即伊尹。指商汤按照伊尹的计策推翻了夏桀之事。

谁知有同室鸱鸮①，破斧兴嘲，天显挥刀。这一桩儿早被那商家笑，纵然有干蛊的宣王，也救不得骊山一烬宗周燎，秦嬴半夜催兵到，泗滨顷刻沦神宝。试听那摇摇行迈黍离歌，依稀似渐渐麦秀伤殷操。②

〔变拍〕最可笑那弄笔头的老尼山，把二百四十年死骷髅，提得他没颠没倒。更可怪那爱斗口的老崝山，把五帝三王的大头巾，磕得人没头没脑。还有那骑青牛说玄道妙，跨鹏鸟汗漫逍遥，也记不得许多鸦鸣蝉噪。秦关楚跷，兰卿鬼老，都只是扯虚脾斩不尽的葛藤，骗矮人弄猢狲的圈套。

〔凯声奏〕函关气正豪，六鹢巢俱扫。琅琊碑镌不尽秦官号，绿云鬌妆不尽阿房俏，童男女采不迭长生料，人鱼膏照不见三泉爝，谁知那赤帝子斩蛇当道。重瞳兴，邯郸戈倒，枳道旁，子婴前导。若不是咸阳三月彻天红，怎消得六王泉下心头恼。

〔钧天奏〕笑着那，莽亭长唱大风一套，便做了汉家天子压群豪。更有那，小秦王下枯棋几道，便做了唐家天子拥神尧。还有那，香孩儿结相知多少，便向那陈桥古驿换黄袍。当日个将相萧曹，文学虞姚，贤后曹高，共道是金瓯无缺，玉烛长调。谁知那丑巨君，早摹搨下金滕稿。小曹瞒套写定了山阳表，渔阳鼓惊破了霓裳调，砀山贼凿

---

① 鸱鸮，见《诗经》，代指武庚管蔡之乱，周公平之。
② 神宝盖指陈宝，秦祀之。黍离，见《诗经》，麦秀，见《史记》，为感慨亡国之词。

开了九龙沼，五国城预图着双昏赵，皋亭山明欺那孤儿赵。① 试看那未央春老，华清秋早，六陵梅杳，一抹子兔迹狐踪，荒烟蔓草，何处觅暧前朝，

〈重调〉那其间，有几个狗偷鼠窃的权和掺，有几个马前牛后的翁和媪，有几个狼奔豕突的燕和赵，有几个枭唇駃舌的蛮和獠。乱纷纷好一似蝼蚁成桥，鸠鹊争巢，蜂蝎跟陶，豚蜮随潮，哪里有闲工夫记这些名和号。

〈重调〉惟有我大明太祖高皇帝，定鼎金陵早，驱貔虎，礼英豪，东征西讨，雾散烟消，将一片不见天日的山前山后，洗净的风清月皎，将一番龌龊不堪的胡言胡服，生劈开中华夷獠，真个是南冲瘴海标铜柱，北碎冰崖试宝刀。更可喜十七叶的圣子神孙，一叶叶垂裳问道，食旺衣宵。

〈龙吟尾〉谁知道天地变，蘗芽萌，生几个翦毛，挟几把短刀，不提防竟冲破了嵴岷道。望秦川櫜枪正高，指燕云旌旗正摇，一霎时把二百七十年神京生踹做妖狐淖。

〈蛟龙泣〉痛痛痛，痛那十七年的圣天子，掩面向煤山吊。痛痛痛，痛那掌上珍的小公主，一剑向昭阳倒。痛痛痛，痛那有令德的东宫，生砍做血虾蟆。痛痛痛，痛那

---

① 此述自汉至宋之亡。王莽字巨君，亡西汉，曹操小字阿瞒，其子曹丕废汉献帝为山阳公，东汉亡。惊破霓裳羽衣曲，说的是安史之乱。朱温为砀山人，灭唐。金人灭北宋，虏二帝囚于五国城。蒙古灭南宋，元兵至杭州皋亭山，恭帝投降。

无罪过的二王，竟做了一对开刀料。痛痛痛，痛那咏关雎效脱簪的贤国母，横尸在殿阶前，没一个老宫娥来悲悼。痛痛痛，痛那受宝册坐长信的懿安后，只身儿失陷在贼窝巢。①

〈龙吟怨〉我恨恨恨，恨只恨这些左班官，平日里受皇恩，沾青诰，乌纱罩首，金带横腰。今日里，一个个稽首贼廷，还揣着几篇儿劝进表。更有那叫做识字文人，还草几句儿登极诏。那些不管事的蠹公侯，如羊如豕，多押在东城奥。夹拶着追金宝。娇滴滴的女妖娆，白日里姿淫飘。俊翩翩的缙绅儿，多牵去做供奉龙阳料。更可恨九衢万姓悲无主，三殿千官庆早朝，万劫也难逃。

〈风雨大江青〉没一个建义旗下井陉的张天讨，没一个驱铁骑流黄河把贼胆摇。没一个痛哭秦庭效楚包，没一个洒泪新亭做晋导。没一个击江楫，风云怒涛高。没一个舞鸡鸣，星净月痕小。没一个骂贼庭，嚼舌似常山杲。没一个守孤城，碎齿在睢阳庙。大多来鹤唳风声预遁逃，把青徐兖冀，拱手儿送他朝。

〈变调〉金陵福主兴，江南彗星照。夸定策，推翊戴，铁券儿光耀，招狐群，树狗党，蝈蛄般嘈噪。那掌大的两淮，供不得群狼吵。便半壁的江南，也下不得诸公钓。反让那晋刘渊，做了哭义帝的汉高皇，军容素缟。可惜那猛将军，做了那绝救兵李都尉，辫发胡帽。兀的不闷

---

① 此述明亡事。明国祚 276 年，末帝崇祯在位 17 年，崇祯死前逼皇后自缢，斩断长公主一臂。

杀人也么哥，兀的不闷杀人也么哥，尚欲夺天功，向秦淮渡口把威权招。

〈前调〉乱哄哄闹一回，痴迷迷混几朝。献不迭歌腰舞腰，选不迭花容月貌，终日里醉酕陶，御量千钟少。没来由羽书未达甘泉报，翠华先上了潼关道。一霎时南人胆摇，北人心骄，长江水臊，钟山气消。啊呀，已不是大明年号。

〈前调〉宫廷瓦砾抛，陵寝松楸倒，但听得忽刺刺一声胡哨，车儿上满载着琼瑶，马儿上斜驮着妖娆，打撞处处把脾儿燥。急得那砍不尽的蛮子，多一样金钱鼠绦，红缨狗帽。那不得向大鼻子把佪们，便做个亲爹叫。

〈归山早〉我如今，再不向小朝廷拜献降胡表，再不向钱神国告纳通关钞，再不向众醉乡跪进精浑醪；拔尽了鼠狼须，椎碎了陈元宝，万石君别处扰，楮先生谢绝了。俺自向长林丰草，山坳水峤，一曲伴渔樵。遇着那老衲子，参几句禅机妙。遇着那野道士，访几处蓬莱岛。遇着那村农夫，唱几曲田家乐。遇着那小乞儿，打一套莲花落。登高山，攀绝顶，将我那爱百姓的先皇，和几行血泪也把英灵吊。将我那没祭祀的东宫，莫一碗清凉浆和麦饭也浇。将我那死忠死节的先生们，千叩首，万叩首，合掌也高声叫。

〈大拍遍〉春水生，桃花笑，黄鹂鸣，竹影交，薄醪痛饮读离骚。凉风吹，纤纤月色照寒袍；彤云凝，六花灼灼点霜毫。傍山腰水腰，望云涛海涛，倚梅梢柳梢，听钟敲磬敲。卧僧寮佛寮，任日高月高，没些半愁半恼。真个是纵海鱼，离笼鸟，翻身直透碧云霄。凭便有银青作饵，金紫为纶，漫天匝地张罗钓，俺乌有先生摆尾摇头，竟自去了。

〈结诗〉世事浮云变古今，当筵慷慨奏清音。宫槐落叶秋风起，凝碧池头共此心。

这首精彩的曲子长歌当哭，直抒胸臆，从盘古开天说起，一直写到明亡，发泄着对明末奸臣误国和南明小朝廷回天乏力的愤懑，弘扬了一个个为国捐躯的仁人志士看破红尘归隐山林的遗民形象。痛斥了寡廉鲜耻，卖国求荣的奸佞贼子。归庄在曲中对历代圣贤君相无不笑骂诋诃，实在是因为太过于悲痛绝望。那处处伤心，字字血泪的文字，读来让人不由心惊震撼，怆然涕下，意境可说媲美《离骚》。

恍惚中，人们又见到那个一身僧衣、举止怪诞的山中高士，他一路踉跄行来，口中不停灌着酒，边哭边笑，如痴似狂，高声吟唱着李太白的《将行酒》："君不见黄河之水天上来，奔流到海不复回。君不见高堂明镜悲白发，朝如青丝暮成雪。……与君歌一曲，请君为我倾耳听。……五花马，千金裘，呼儿将出换美酒，与尔同销万古愁。"

与尔同销万古愁！

（撰稿人 俞菁）

参考书目：

[1] 清·归庄，《归庄集》，上海古籍出版社 1984 年版。

　［2］民国·赵经达，《归玄恭先生年谱》，赵氏又满楼，民国13年版。

附录:

《归庄传》

　　归庄，字元恭，昌世子，为诸生，博涉群书，落纸数千言不止。性嗜酒，携酒应院试，且饮且书，日未晡成七义，分隶篆真草书五经文字。御史亓炜怪而黜之，惜其才，旋复焉。顺治乙酉六月，县丞阎茂才摄令事下薙发令，士民不从，噪于县，絷茂才，庄白众杀之，遂婴城守。事定后新令究前事，庄亡命，薙发僧装，称普明头陀，隐居乡僻，后乃庐金潼里先墓侧。生平最善顾炎武，以博雅独行相推许，而俱不谐于俗，里中有归奇顾怪之目。诗古文、墨竹，无不工，尤善书，壮岁所作行草直逼两晋，以酒至者，长笺短幅挥洒不倦。往来江淮浙水间，辄奉先像以行，遇令节讳日，采藻束刍以祭。晚年校正曾祖震川文集，付梓传世，折衷诸名家，持择颇精卒，年六十一。兄子玠，字安蜀，磊落能文，不屑为投时技，以岁贡终。

（《昆新两县续修合志》）

英雄志略爱国斗士

——陈子龙传

楔　子

晚明的暮色，千峰云起，残阳如血。

这是一个非常时代。风流与忧患、痛苦与悲壮、啸傲与沉郁、崇高与卑贱，时时交集在清兵入关的马蹄声里，处处纠结在起义军大纛的恢宏气象里……

17 世纪中叶，骄奢淫逸的大明王朝，在内忧外患的双重胁迫下，由繁盛日渐走向衰败，已然奄奄一息气数将尽。断鸿声里，纵有诗书万卷慷慨盘空，也只付与金戈铁马兴亡悲歌。偌大一个泱泱大国，四野凋敝，满目疮痍，然而，大好河山却在雄风四起的民族壮举中，响彻浩歌与悲曲的壮丽交响和乱世的最强音。

是啊，这是有史以来又一个血泪交迸的乱世！

乱世，是血写的历史，也是英雄辈出的历史。

英雄的历史，是血性的历史，无关乎胜负，也无关乎生死，它不属于被征服的失败和被玷污的人格，或许也不属于世俗社会的人生秩序抑或完美无缺的道德诉求，而永远属于铮铮作响的风骨和瑕疵无掩的真实人生，永远属于不屈的灵魂和伟大的民族精神。

大明王朝早已随风飘逝，而一群反清复明的仁人志士和爱国英雄们，却从历史中英姿勃发地向我们健步走来。吴地人瞿式耜是一个，夏允彝是一个，陈子龙也是一个。一个个接踵而来，无以计数。

远远看去，他们从血与火中正气凛然地走来了。

他们从历史中英气勃发地走来了。

他们从时间中才气洒然地走来了。

他们虽然在风云叱咤间失败过，在浩然长叹中绝望过，但在失败中又一次次奋然而起，喋血战斗，气吞山河；在绝望中经受涅槃式的淬火，心寄家国，挥剑独啸，重新焕发出生命的光彩，恰有日月洒然的英雄气弥漫于天地之间。

陈子龙（1608～1647），一介书生，有才气，更有血气；是云间诗人①，也是血性大丈夫；是痴情深挚的性情中人，更是顶天立地的人中豪杰爱国英雄！既觉得可爱而可慕，又令人敬佩和怀想。当我们追随他的人生轨迹迤逦而行时，蓦然发现，他是活得多么真实又多么豪迈的一个人啊。

苍天无垠，大地流韵；大美不言，青史留名。

---

① 陈子龙，松江华亭人。《吴地记》："华亭县在郡东南一百六十里，地名云间。"云间，泛指松江或江南一带。

诞生：游龙惊梦时，云间起新声

不说迷信，这纯然是巧合。世上有些事，冥冥之中似有先兆，一旦应验而出果然天人相应，其中原委还真叫人感到神秘而莫测。

话说明代有一女子，偶然于梦中看见一条游龙，惊醒之时竟然应验而产一子，并因之演绎出一番惊天动地的大事来，煌煌然彪炳史册，流芳永年，直令后人赞叹不已。

这里是古称华亭的一方江南水乡，濒临东海，北依长江，山清水秀，田园相属，原属吴之故地，附于姑苏郡城①。东北一隅有个庄子，称莘村。平畴远畈，草木清华，疏疏落落二三十庄户人家，青烟笼罩，逶迤四合，尽在风日媚然山川清明里。因有腴土之饶鱼米之丰，平居岁月亦出大户人家。陈家高祖自宋代由北方南渡而来，徙迁于村繁衍生息，世代以耕读传家，以仁义为本，乐善好施，家风淳正，终成当地名门望族，迄今已逾 700 余年了。

明万历三十六年（公元 1608 年）的一个夏日，陈所闻妻韩氏已怀胎十月，即将临盆分娩。天有点热，有点闷，一时无聊，依于门前，觉得身子有些沉重，有些倦怠。凝眸远望，默然无语，好像有什么心事。

风不知从何而来，掠过高树的风声，来得纯粹，来得清凉。韩氏仍然感到有些热，甚至烦躁，腹中似乎也有些动静。

---

① 华亭于历代行政版图数经变易，曾属苏州，又建松江府，今归上海市松江区。

自怀孕以来，她由当初的欢欣而日渐转为担心，转为忧愁。这个夏日的黄昏，鸟雀归林，暮蝉噪声，清寂中犹生无限期盼，庭院独步更觉愁肠百结。她轻抚肚腩，眉眼间一个美好的愿景隐隐而起，盈盈而动，默默祈祷间唯盼生子如龙，无愧陈门，不由得失声而出：

"我的儿，你要争气……"

连她自己都惊诧于这异样的声音，心中怦怦乱跳，脸上红晕浮现如桃花般艳丽，环视四周无人，总算定下心来。陈家自高祖以来，一脉单传，四世一子，香火为继的希望全赖于她了呀。夫君是个读书人，文名享誉江南，好在人生有幸，夫妻两情相悦，琴瑟相谐，就因深爱他这个心胸豁达重于感情明于事理而廉直耿介的人，那就更不能辜负陈家厚待，尤其是令淳厚慈祥的婆婆高太安人失望了。

心思重了，人也乏了，就在床榻上躺会儿。恍恍然，昏昏然，不觉在庭院的萧萧树声幽幽竹韵里悄然入梦。韩氏忽见游龙降于室之东壁，上下翻腾，蜿蜒生光，并听得介介然有吟啸之声，时近时远，忽宏忽细，异于凡响。待要喊将出来，霎时惊醒，顿觉腹中剧烈绞痛，一阵紧似一阵，阖府上下顿时忙作一团，全慌了手脚，不知如何是好。待产婆进门不久，就从房中传出婴儿的哭声，果然如梦吉兆，是个白白胖胖的男儿。婴啼乍起，新声呖呖，声音是那么洪亮，那么动听，将来肯定是个有出息的孩子。

是时，万历三十六年六月初一（公元 1608 年 7 月 12 日）。阖府上下欢天喜地，如过盛大的节日。到底还是人间情味和世俗的热闹，好像一个家族和一世人生的分量，都要从这个刚诞生的小生命里出来。一时间，祝贺与赞赏声交誉如乐，没有低调，没有颤音，没有休止，只有高扬，只有响亮，只有连绵不断的亲情和人们心中的一波波涟漪。

不用说，所闻得子当然喜不自胜，称心如意，但心里好像有个东西，扑扑地跳，只是说不出来。也许兴奋过头，平日出口成章的江南才子，此时此刻逢人却只会发出"嘿嘿、哦哦、嘻嘻、哈哈"的含混之声，惟在内心深处，竭诚感谢上天，感谢祖宗，感谢妻子，还莫名其妙地感谢儿子。他只顾接受他人的祝贺：

"恭喜，恭喜，恭喜老爷喜得贵子！"

"仁兄幸得龙子，前程无量，前程无量啊！"

……

"好好，好好好，同喜同喜……"所闻连连酬答，脸上漾出欣悦的笑容。

祖母高太安人更是笑逐颜开，喜形于色，高兴得合不拢嘴，她只匆匆看过孙子一眼，便双手合十，低眉凝神，眼观鼻，鼻观心，满怀虔诚，拜天拜地拜菩萨，口中念念有词，无非是感恩上苍，感恩神灵，感恩赐子陈家，福祉无涯……

韩氏久悬的心终于放下了。她累了，静静地睡了。那份洋洋喜气和按捺不住的幸福感，自在梦里梦外弥漫开来，化作满天云霞和瑰烂的阳光。

哦，天亮了。

"老爷，该给公子取名了。"忽然有人提议道。

嚯，只顾高兴，倒真是忘了！所闻低首凝思，沉吟有时。好词好句联翩不断，吉言吉语如泉而涌，却还是拿不定主意。

心思迟疑间，忽而举首见远天有云漫卷，形状游龙，云间透出霞光万道，光灿耀眼，倏地联想得妻子产前之梦，不由得击掌大笑，我子名也，早已天赐，何用为父苦心孤诣搜索枯肠？我子依其天意，依母梦兆，出生之际介介然，有龙生光，有声如吟，悉皆异乎凡俗，不同凡响，名之"介"，可乎？为父母者皆"望子成龙"，我今陈家祖上积德，梦想成真，三生有幸，天赐我子如龙，当为"子龙"是也。

陈子龙，字卧子，一字懋中，号轶符。日后长成，立远志而践行，果真能如父母所料，拔萃于人世，卓荦于当时，干出一番举世瞩目的大事来吗？

启蒙：故乡山水间，家风拂春晖

有群山绵延于葱郁的大地，其峰或如天马耸脊，或如凤凰凌空，或如云横天际，或如叠屏迎风，又见"玉出昆冈"、"土宜美箭"……历来有高人贤达归隐其间，乃至传言有神仙寄迹于这片美丽的山林。山不在高，有名则彰，时称"云间九峰"。

有一水流经这片古老的土地，从森森太湖潺潺而来，汇入滔滔长江，东向茫茫大海汤汤流去。这就是夏禹治水的三江之一：古吴之松江（另为娄江、东江）。自宋以降，始称吴松江、吴淞江。就因有这条古松江，华亭所属屡经变易，终而隶属松江府，从来就是领秀江南富甲一方的鱼米之乡。

陈家于邻县青浦有良田数百，家境亦属富裕生计无虞。子龙身置山水间，既汲天地灵气日月风露，更受严正家训知书识礼，且从小率真纯简聪颖好学，自然玲珑不染尘埃。本是一个不知天高地厚的率性稚童，所见皆世事历然，万物不失，即使是寻常巷陌的烟火人家，亦有岁月的清平和恬然的光景。

然而，子龙幼年哪里知道，他所生活的江南水乡，虽一时还在春风春日好山好水里，但大明江山已然风雨飘摇衰象呈露，安居的生活和人世的庄严，行将毁于这个令人诅咒而沉痛的时代。明自神宗（朱翊钧）、光宗（朱长洛）、熹宗（朱由校）三朝当政五十余年，一帝是敛财狂，横征暴敛收刮无度，致使民不聊生怨声载道，不堪天灾人祸的四方饥民纷纷揭竿而起，义帜拂处，势不可挡；一帝是色情狂，沉湎酒色，朝政荒废，贪服春药红丸而日拥夜欢，纵欲无节，即位一月便一命呜呼撒手人寰；一帝是地地道道的文盲，目不识丁而干木匠活却是得心应手，只顾纵容阉党竟致皇权旁落，竟然圣封一个无赖太监魏忠贤为"上公"，谄媚者皆高呼"九千岁"甚至"九千九百岁"，直与帝王比肩与孔子并尊，一时间凌驾皇权之上，大权独揽，作威作福，气焰嚣张，亲信党羽布满朝野上下，忠良义士无辜被害而冤案迭起民愤如沸……

山雨欲来风满楼，一场摧枯拉朽的暴风雨即将来临了。

陈子龙，一个不谙世情的纯真"卧子"，就在这昏天黑地的大动荡时代成长起来了。早在孩提时代，视之如掌上明珠的母亲韩氏，望子成龙教子心切，从他呀呀学语时，即谆谆训以忠孝大义和做人的道理。乖巧的子龙偎依在母亲温暖的怀抱里，或是出神地聆听母亲喋喋不休的教诲，或是兴趣盎然地听母亲唱着自编的儿歌。孩子懂不懂母亲不管，她只管唱，只管说，只顾逗孩子开心，只想儿子快快长大。也许觉得母亲唱歌的调子好听，说话的声音也好听，子龙这时感到的母爱，是温暖的怀抱，是动听的歌声，是絮絮叨叨依依袅袅的柔情。他笑了，笑得真好，真美，笑得像庭院中盛开的石榴花。

然而，子龙五岁那年，五月里盛开的石榴花，虽然和往年一样，依然烂漫绽放红艳如火，却没有给人世带来好风景。

天有不测风云，人有旦夕祸福。这是一个肝胆欲裂的夏日。一天，韩氏突患暴疾，倒在床上连连呼喊：

"我的儿，我的儿……"

待子龙和祖母高太安人急咻咻赶到时，只听到韩氏蠕动的唇间爆出一句话来：

"儿啊……儿啊……要……要……争气……"

就这样，竟就噎了气，断了声息！那是万历四十年（公元1612年）。五岁的孩子，亦已略懂人事，不由得扑到母亲身上，又拉又拽，且哭且喊：

"妈妈，妈妈，你不要走啊！我要你唱歌，我还要你唱歌啊……"

正在书房读书的所闻跌跌撞撞冲入房中，见状也不禁失声痛哭。他见孩子如此伤心，怕坏了身子，用眼神示意呜呜咽咽的高太安人，祖母随即把孙子拢入怀中。轻轻地抚摸，绵绵地安慰，颤颤巍巍的手不断为他擦泪水，嚎啕不止的子龙涕泪交横，一脸狼藉。

母亲走了。最亲他最疼他的人走了。他的第一个启蒙老师走了。

要争气？子龙不知道母亲要他争什么气，但他懂母亲的心，懂母亲的爱，也懂得"争气"就是母亲对他的希望。一连数月，他一言不发，异乎往日，常常独个儿在暗处偷偷流泪，也不再与小伙伴游戏和玩耍了。初尝失母的痛苦，初感孤寂的沉郁，似乎一下子就长大了，懂事了。

祖母高太安人从此担当起抚育的重任，对孙子不仅更见怜爱，而且还动了教育的心思。她是子龙的又一个启蒙老师。她对孙子的开蒙多以家史为范本，一开口就是"我们陈家……"，孙儿听来尤感亲切和自豪，何况祖母所讲的故事，有鼻子有眼，有血有肉，特别引人入胜，好听极了。于是得空儿便缠着她讲"我们陈家"。说了一遍又一遍，也听了一遍又一遍，祖孙二人还是乐此不疲津津有味。听到后来，连子龙自己也能言之凿凿滔滔不绝了。是啊，"我们陈家"自从颖州南渡迁来，高祖、曾祖、祖父三代，虽然世以农事为业，就因为人地道，家风淳朴，种种美谈不胫而走，享誉乡里乃至华亭县城。

高祖名叫陈绶，自于举目无亲的艰难竭蹶中创得一份家业，然心地慈和长厚轻财，凡乡人有难处，必倾心周济；凡地方有纠纷，必尽心调处，在当地甚有声望，里中称他为"大人"。曾祖陈钺更是一身豪气，好义任侠。时值明代中期，沿海之地常有倭寇登岸骚扰进犯。倭寇长驱直入一路抢掠，直至江南诸地势犹难挡。陈钺闻讯，即跃马横戈，率领家奴和佃夫凡200余众，手持大刀长矛甚至锄头铁搭诸般家用农具，见倭寇就奋勇而上，一路喊杀声如惊雷，豪气干云，倭寇闻风丧胆先就挫了三分锐气，几经厮杀便溃不成阵四下逃散，终于保得一方安宁。当时的兵备道名叫任环，对陈钺赏识之余极力举荐为官，陈钺无意仕途，只谢其盛意而决然不受，反倒赠之以一匹心爱的良种白马。

"那真是一头彪悍的大马啊，"祖母说，"毛色纯白，油光水滑，昂首长嘶，声音可传数里之外……"

"曾祖父为什么要把爱马送给他呢？"子龙问道。

"傻孩子，你不懂呐。红粉送佳人，宝剑赠英雄。你曾祖为人豪爽，重情重义，打退倭寇，不为功名，不谋私利，唯在保得一方平安，以利乡民。任大人称赞他，推荐他，曾祖他视之若知己，方赠良马以报知遇之恩呀。"

"哦……"子龙若有所思，却又懵里懵懂，其中道理一时难以领会透彻。然曾祖的形象，从此铭刻心中，永以难忘。

提起祖父陈善谟，在子龙十三岁（天启元年，公元1621年）时就患病去世了。祖母伤怀难抑，不愿多回想那些痛苦的往事，一旦提及则常常是欲语又止，不能尽意。然子龙童年曾与祖父相处过一段快乐时光，从祖母断断续续的叙述中，他知道祖父隐居乡里，是个本本分分的读书人。喜好诗文章句，唯在知书达理。为人情思超逸，淡泊名利，行为方正，处世和顺，有谦谦君子风。心怀仁义，乐以助人，最讲究的是"诚信"二字。待人处事，一诺千金，从不失信于人。君子一言既出，驷马难追，言必信，信必果。乡间颇有口碑，亦有人缘。平日里严以训子，导之前程，果以子贵而敕封承德郎。

父亲陈所闻更是个地道的读书人。书生意气，挥斥一方；一朝为官，方正清廉。他是万历四十七年（公元1619年）进士，职封刑部郎中，旋改工部郎中。只因看不惯官场腐败、营私舞弊，天启元年（公元1621年）冬，藉父丧南归，从此不再从政，一心读书、教子、吟诗、赋文，风致雍雅，名闻江南。

所闻虔心承续陈家脉息，教子严厉却循循善诱，训子以言而更在通达事理、明辨正邪、嫉恶如仇，并以自己的历历身教和风范，为儿子树起了榜样。

父亲，在儿子的心中伟岸高大，风神清朗，堪称是子龙的第三个启蒙老师，不仅以诗书，以事功，以品行，而更在思想、在人格、在精神，成为他人生的引路人。

有人引路，路却在自己脚下，还要靠自己一步步走出来。

子龙的人生道路，确是靠自己走出去了。

一路行来，一路风尘；一路行远，远有多远？

屈子有言：路漫漫其修远兮，吾将上下而求索。

是啊，求索之路，修远而无涯，只有出发，没有抵达。

砺志：忧患少年心，拳拳赤子情

"王孙芳草路微茫，只有青山依旧对夕阳。"[①]

天下不太平，人生路微茫。晚明景象，但见即将沉落的夕阳；国运多舛，放眼皆风中飞絮乱舞，雨里落红狼藉。

华亭偏安江南一隅，铁蹄声远，内乱日近，虽然"青山依旧"，却也成"斜阳一角红楼"[②] 了。陈子龙的笔底意象和词意，堪称时代写照。

子龙在"青山"与"斜阳"间日渐长大和成熟了。他难

---

① 陈子龙：《虞美人·有感》词句。
② 陈子龙：《临江仙·小春》词句。

忘母亲意愿，发誓这辈子做人定要"争气"些儿；他谨遵父亲教诲，立宏志以求报国之路。在当时社会，一介布衣要干出一番事业来，唯有通过科举走上仕途，方能恪尽职守，施展才华，为国尽忠，为民立业。六岁入塾，转益多师，多为父辈挚友当代硕儒。万历四十四年（公元 1616 年）秋月，举家迁至原冯恩的宅第。宅处华亭董漕厅旁，宅后有茂林修竹，静谧清幽。所闻于此筑屋一椽，为子读书处。寒往暑来，春秋代序，子龙课诵其中，日夜不辍。谨受业师遍读经史子集骚赋诗词和章句之学，每每吟诵则心有所悟。父亲常于夜间来看望儿子，不时称述古今贤豪将相，以至游侠的奇怪事迹，并教以《春秋三传》及诸子百家之言，从而学业大进，心路大开。翩翩一少年，骨格尤清峻，风华正茂，才气横溢，时得师长赞誉，父亲对儿子十分看好，心中自是喜欢不提。

子龙虽深居简出寒窗苦读，却未忘国运形势民生之业，读书之隙，犹生时世之慨家国之忧。十一岁时，小小年纪就私底下写就《伯夷叔齐饿于首阳山之下》及《尧以天下与舜》两篇文章，无意中被父亲看见了，子龙生怕父亲见怪，心中惴惴不知所以，哪料得父亲默默读毕，竟然情不自禁拍案而赞："竖子可教也！"

当时，长白山下建州（后称满州）有一支游牧部落，本与大明和好，各自为政，然因其日趋强盛而野心勃发，窥伺中原已久，厉兵秣马，养精蓄锐，欲与大明分庭抗礼而连年进犯不断。爱新觉罗努尔哈赤建国于公元 1616 年，初称后金，公元 1636 年始改国号为清。万历四十六年（公元 1618 年），努尔哈赤借口"七大恨"亲率二万大军冒雨进攻明边境，结果边将投降，抚顺失守。建州军士气大振，大明王朝元气大伤。昏庸的神宗仍不顾天灾连年，民生凋敝，仍然肆无忌惮横征暴敛，并诏告天下抽丁征兵。黎民百姓断了生路，激起民怨沸然，一时动乱频仍。朝野上下贤臣志士，无一不为之痛心疾首，胸怀忧虑。

那年子龙正听乡间长老和长辈们议论天下时势，忽见有一彗星拖着一条明亮的长尾巴，从沉沉夜空倏然扫过，既而有流星雨闪闪烁烁明明灭灭……子龙不由得惊呼起来：

"啊，彗星，彗星！不好，祸事起矣！"

长辈们举首而望，若有所思，都不敢说什么话，只当是小孩子少见多怪，不想予以理会，免得无端生出是非来。

其实，历来民间倒真有这一说法，彗星，俗称扫把星，凡彗星划过天空，必有天灾或人祸，天下百姓就要倒霉了。当然，这一说法毫无科学道理，人之所云，只是沉潜心中的一种世道难料的忧虑，一种人生无助的惊慌心理。今见彗星，人皆心中担忧，不料被一孩子意外点破，只是面面相觑，倒也不好再说什么了。当时子龙虽然还只是个十一岁的孩子，但对国事民情也深怀忧患之心，间或与长辈相与谈论，言及大明江山危势堪忧险情莫测，凿凿有据，句句慷慨，说到痛处，竟会扼腕长叹，涕泪满面。长辈见之都笑了，说：

"童子言焉，将为戮也！"

按理，朝野上下对抵御来犯之敌，还是充满信心的。这一年夏闰月，兵部右侍郎杨镐受命统率数十万大军浩浩荡荡出山海关，兵分四路围攻建州。东西南北建州四面受敌，且还有朝鲜等数路人马的有力支援。明军排山倒海而来，建州弱势难御，眼见得明军胜券在握，只待班师回朝谨领犒赏。想不到大出人们意料之外，杨镐大军竟折损三路人马，尚剩一路闻风丧胆，落荒而逃。明军从此转攻为守，顿失强取之势。我泱泱大国锦绣河山，危在旦夕矣。

大明不幸，竟被童子言中！

外敌堪忧，内患尤炽。万历以降三朝帝王，神宗不理朝政，却大兴土木，营建宫苑，使明朝走向衰亡；光宗无知，连食"红丸"而死；熹宗不学无术，荒唐治政，导致宦党之乱。自陈所闻藉奔丧守礼之机，回到家乡远离朝政之后，专心读书课子，倒也安逸自在，所喜儿子品性端正，才学过人，是他心中之慰，陈家希望。子龙为子又能尽孝，在父亲不幸背脊生痈疽而养疴期间，日夜陪父于床侧，问寒嘘暖，悉心照料，小心服侍汤药，不敢稍有懈怠。一有空闲，就吟诗咏词为文作赋，每每出示自己的作品，向父亲讨教学问切磋文道。所闻诵读子龙的诗文，竟高兴得一时忘了身上的病痛，忘了难挨的时间，节击赞道：

"儿为我《七发》也。"

《七发》，是西汉枚乘所作的新体赋，其赋假托楚太子因病卧床不起，正当痛苦万分时，有一吴客前往探病，说以"七事"以启发疏导他。楚太子最后竟被吴客的"要言妙道"所吸引，精神为之一振，病也痊愈了，人也豁达了。所闻借《七发》不仅在赞赏儿子，而更在表达一种心情，一种意趣。有人曾夸子龙为"廊庙之器"，父亲则极夸儿子有枚乘之才。子龙"七发"，虽非吴客治病"妙道"，为父的还真觉得自己的病体好了些许。倒是子龙听了父亲的夸奖，脸颊泅出两片红晕，依然肃立床侧，毕恭毕敬，只是说：

"为儿不才，谨望父亲多加指点才好……"

"好，好，好……"做父亲的心里喜欢，一时口拙，不知说什么是好。心中所思，不言而明，也尽在这个"好"字中了。

所闻虽说隐迹江南一隅，仍时为国事担忧，关注民生疾苦。当时魏党之祸波及朝野，良臣贤士或蒙冤，或黜辱，或刑杖，或戮杀……国家栋梁之才，耿介清望之士，庶几无一幸免。气焰日炽，人心惶惶，搅得天地寒彻，乱象一片。所闻每读邸报，不由得愤懑拍案，扼腕悲叹。本来他的病已有所好转，尚在恢复中，然因悲愤盈胸，病情再度复发，致使身心俱伤。他把子龙叫到身边，说：

"我儿做人，最要紧的是辨别正邪是非，忠奸善恶，切记，切记！"

"儿记住了……"子龙应道。

其实，子龙虽则年少，正邪善恶真假美丑亦已心中了然，魏阉之恶岂能容忍！他劝慰父亲，自要珍惜身体，过分忧伤，不利养病啊。恶人当道，天地不容；来日方长，定会有报应的！

儿子懂事了，所闻心里也好受些儿，惟盼子龙举业大成，出人头地，干一番丈夫伟业，亦当告慰列祖列宗矣。

子龙没有辜负父亲的教诲和希望，少怀壮志，意行天下，才气之外，更兼一身正气。天启五年（公元 1625 年）3 月 15 日，魏阉党羽东厂缇骑罗织罪名逮捕东林党人周顺昌。周顺昌，吴县人，官至文选司员外郎，为人刚正不阿，体恤民苦，苏州人对他素有好感。缇骑无故抓人，苏州百姓义愤填膺，怒不可遏，在颜佩韦等五人带动下，聚集数万之众，鼓噪相逐，奋勇扑斗，激起了一场声势浩大的市民大暴动。声如惊雷乍响苍天，势若长风席卷大地，烈烈轰轰，赫赫扬扬，大灭魏党威风，大长民众志气。

子龙闻讯，精神大振，认为此举必会导致四方响应，有若汉末讨伐董卓之势。于是四方奔走，陈述利害，暗中交结一批至亲好友少年志士，伺机因势而起，成就大事。毕竟他还是个十七八岁的少年郎，单凭一时热情和冲劲，岂能如愿以偿一蹴而就？激情方歇，即归于寂然。但他心中愤慨难以遏止，便叫来了几个青年朋友，动手扎了个稻草人，上面写了魏忠贤的名字，一声呐喊，引弓射箭。箭箭中的，草人倒地。

"死了，死了！魏阉死了！"

郁结于胸的愤怒之情，霎时释放出来了。人皆欢呼雀跃，掌声响起，一片沸腾……

看似天真幼稚，恰见年少心气啊。

匡世：艰难功名路，经世以致用

人生之路，遭遇坎坷乃至苦难，要么深陷其中不能自拔，从此消极沉沦，抑或自我毁灭；要么勇于面对而砥砺意志发愤图强，直至完成自我，毅然挺立于沧桑岁月，创出一番事业来。

天启六年（公元 1626 年），所闻痼疾大发，医治无效，致卧床不起，汤药不进。临死前抚子龙手而谆谆说道：

"为父所恨天不假年而尽孝于你祖母，今后的担子全落在我儿肩上了。儿当躬以敬养善以终事啊……"

子龙听了心中悲恸难忍，泪流满面，一时也说不出话来，只是声声应诺，连连点头。

父亲又说："为父一生忧愤念乱总也枉然，堂堂男子无力报国恤民终为人生大憾。儿自当以忠孝为本，以国家为重，立志事功而有所作为……"

子龙谨记遗训，终而与父亲洒泪痛别。

高太安人自所闻患疾以来，日忧夜虑，寝食难安，夫君过世儿子是她唯一的依靠，唯一的安慰，岂料儿子也走了！天塌了，地崩了，一家的顶梁柱折了！白发人送黑发人，怎不五内俱焚痛不欲生？好得有子龙强忍悲伤百般劝解，并再三慰之以父亲的嘱咐和自己的担当。高太安人心里终于好受些儿。到底太安人胸怀宽广，深明大义，强抑一腔悲绪，坦然担起家庭繁冗杂事，好让孙儿安心读书，成就功名，以继陈家香火男儿伟业。

志存高远，时不我待，子龙从此深居简出，居家守孝；抖擞精神专志举子之业，探赜学术之道；并广结同郡与各地才俊志士，交游契阔而聚以切磋学问议论时势；诗吟心志痛快淋漓，书生胆识胜似父辈。没有彷徨，没有犹豫，只有踌躇满志，只有生命的激情。启程的步履，步步留痕，步步铿锵。

历史终于在黑暗中看到了一线微光，晚明的希望犹若在混沌深处闪烁。

天启七年（公元 1627 年）秋，熹宗驾崩，其弟朱由检即位，是为思宗即崇祯皇帝。新皇帝也不过是十六七岁的少年，虽然年轻，却心怀复兴大志而有所作为。因深谙阉党之祸，即果断裁处，魏忠贤及其亲信党羽随之伏诛，并连续督查谋逆之罪，国人无不拍手称快。思宗还同时举用良臣贤俊忠鲠人才，整顿国纲朝纪和内廷秩序，攘外安内以图收复失地，看来大明江山有望恢复元气了。

子龙二十岁了，天真的看到了前程，看到了光明，情不自禁地对夏允彝等同道好友说：

"天下想望太平，我亦有用世之志了。"

崇祯元年（公元 1628 年），子龙二十一岁，由祖母倾力操办，迎娶张氏为妻。张氏是湖广宝庆府邵阳知县张轨端长女，早在万历四十七年（公元 1619 年），陈所闻就为儿子订了这门娃娃亲。张知县初见尚未完婚的东床快婿，这个早已称誉江南的才子，果然风度翩翩，气度非凡，就赞不绝口：

"此当代才人也，除了他，没有人可以配我女儿了。"

张氏既嫁子龙，因高太安人年纪大了，继母唐氏身体又不好，且性格好静不堪任事，于是就当仁不让，接替祖母担起了全部家政。克己敬老，唯夫是从，晨昏操持，勤勉治家，家事无论大小巨细，不敢稍有懈怠。日子倒也过得有板有眼有滋有味。

不到二年，张氏就生了个女儿，取名陈颀。小生命诞生，阖家欢欣，洋溢出袅袅生气盈盈温馨。

崇祯二年（公元 1629 年），子龙中秀才，拔为第一。其时与夏允彝等人在松江组建"几社"。"几者，绝学有再兴之几，而得知几其神之义也。"以文会友，学习制艺，旨在再兴绝学，弘扬大义，以担天下之大任。初入社者凡六人，世称

"几社六子"。几社人志同道合，汇编同人"文选"、"会义"诸多文集，流布于世，声誉日隆。

焚膏继晷，青灯荧然然，子龙读书更为勤奋刻苦。寄寓南京谢公墩寺院读书时，朋友们有的打牌，有的燕饮游乐，有的寻欢狎妓，甚至呼喊绝叫，戏无竟时，只有子龙独据一案刻苦攻读，一心专志于吟诗著文，直至半夜三更也不肯歇息。朋友见了，笑着说："卧子，你这又何苦呀？为什么不一起玩玩啊？"

子龙慨然而道："你们认为时间会等人吗？岁月飘逝了，就再也追不回来。我每每读终军、贾谊两传的时候，夜夜绕床徘徊，抚腿而长叹，时不我待，机不再来，光阴如金啊。我们正当年轻力壮血气方刚，如不在大好年华里留下些锦绣华章，那要等到什么时候，才能永垂金石之名呢？曹孟德说过：'壮盛智慧，不可复得。'我们怎可等闲视之呢？"

朋友听了，面露惭色，似有警觉之悟。

子龙终因博学多才且好为深湛之思，诗词文赋落笔惊人，向他求学问道的人你来我往，络绎不绝。然而，自崇祯三年（公元1630年）秋，子龙应乡试中举以来，正可施展才华大显身手时，一连五年屡遭坎坷和不幸：两次京师会试落第，非为才拙力薄，实是黜于官场争锋；可怜见张氏所产一女一子，先后夭折，继而活泼可爱的六岁长女陈顾也染疾离世；别有用心的同乡横加种种诽谤，攻讦耽耽无故受诬；加之继母唐宜人久疾难治，时怀忧虑，戚戚不安；不料又因邻里不慎，前后两次火灾，宅园尽化废墟……身处如此种种苦难，悲怆间或流连声酒以自慰，沉郁时或吟诗唱词以排遣心中愁绪……无论如何，他踯躅于人生低谷和理想高地之间，始终没有走失自己的志向，没有走失自己的灵魂。

崇祯九年（公元1636年），又将举行会试了。子龙因继母唐氏久病，本不想赴京再试了，唐氏却晓之以大义，再三劝勉，说：

"堂堂男子不能博取功名，将来凭什么为国效力为民办事呢？至于我的病，看来不碍事的，我会好好照顾自己，你就放心去吧！"

子龙只得听从母命再次出行。同行者有复社同仁彭彬、郑元勋，一路行来倒也不觉寂寞。时值隆冬严寒，驿路冰封，时续时断，幸得朋友帮忙，策马护行，于当年除夕顺利到达费县。新年初五，兴之所至，偕友登临泰山，攀援直上南天门远眺日出。日出东方，光芒万丈，众皆意气勃发，顿起豪慨。待驱车北上抵达京都时，恰巧是正月十五元宵节。他们会同了早先赴京的夏允彝等朋友，欣喜之际自当热闹一番。这次会试，子龙幸遇正直清廉的考官黄道周。黄道周学贯古今，从学云集，自幼坐卧于家乡孤岛一石室中，读书著文，苦度时日，人称石斋先生，为天启二年（公元1622年）进士，先为经筵展书官，身孚众望却沉浮不定宦途坎坷，屡遭迫害而始终不失青云之志，廉洁之品。恩师识才，子龙、允彝等一班志士达人终于进士及第。子龙虽为新进，然才子风流，蜚声南北，在京贤士纷至沓来，相与切磋诗文畅叙友情，亦为一时佳话。只可惜子龙名列三甲之榜，即为殿试三等人才，无缘翰林，照例只能分发各部或放外省就任。先派往刑部观政，余暇兴来时登刑部望楼，是为嘉靖年间李攀龙、王世贞等名贤唱和之白云楼。子龙一腔豪情笔墨入化，观政仅三个月便赋诗百首，集为《白云草》。旋即放任广东惠州府司理即担任审判之职。待他离京方达瀛洲，便闻继母唐宜人病逝噩耗，随即告假返乡治丧守孝。继母亡故，是不幸；子龙于守孝期间，在家乡南园首开事功，干出了堪称名垂千秋的经世伟业，则是南园之幸、历史之幸啊！

南园，在松江华亭南门外阮家巷，原为陆都宪树德的别墅。这处宅园，虽曾一度荒废，然有修竹茂林，杂花生树，轻风吹过，一泓池水泛起阵阵涟漪，水畔芦苇随时令流转而青而黄而芦花飞雪；登高岗放目眺望，前可见丘壑林木森森芳草萋萋，后可见城堞恰又是一番古意令人遐思。各种野鸟相与作巢树木古藤间，或黄昏归巢聚族而息，或月出夜飞肃肃有声。白天还有水獭之属捕鱼水塘之中，既而睁眼徐行一点也不怕人。园中疏疏朗朗错列分布有凉亭、水榭、楼阁、长廊……本是贤达贵人的歌笑游乐之地。此园虽处陋巷，却是十分清幽静谧，中有一山阁时称红楼，正是子龙历年读书处。几社同仁也常聚斯园，燕集议事，纵论时势，吟诗唱和……名士胜流聚散往来庶几成松江的文化胜景。有一天，子龙与一群文友借园中诸般景物，抒怀言志，大发宏论，兴致酣然而风生水起。子龙时见各类鸟兽飞走饮食相聚其间，即兴借此隐喻并提及人之"志动日月，气历风云"的话题，好友李雯笑而问道：

"当今时局纷乱，浪人四走，大江以北，大河以南，有耿介正直勇而拯世的义士吗？"

"有！"子龙斩钉截铁地回答说。

"有离乡背井四下流浪的难民灾民吗？"

"当然也有！"

"有胸无大志如同行尸走肉的人吗？"

"那就数也数不过来了。"

"我等一介书生，今有幸聚于荒郊，优游于诗书之间，且有人偃仰追随，如他日或在朝廷，或在乡野，或在穷乡僻壤，或在荒蛮之地，千里相思，十年不见，哪还能像今天这样再度聚首，观景识鸟以为赏心乐事吗？"

"那……"

子龙一时陷入沉思。当今之世外患内乱，虽说江南暂且安然无事，然一旦战祸蔓延，天灾相加，那就难以安居乐业了。不由得愁眉紧蹙，忧心俱起，随即慨然而言，掷地有声："故而我们不能无所志啊！"

历经岁月磨砺，又深受恩师黄道周熏陶，子龙之志，辟出了崭新的境界，愈见坚定和远阔，不再受缚于古文辞，一意怀古遥情，不再文必秦汉诗必盛唐，并前后七子私语悲歌，乃至休憩之暇，也不再宴集诗酒酬唱清娱，而是以入世的热忱，志在匡时救世。他深叹昭代之文唯藏金匮无以为用，俗儒文士又多是古非今撷华舍实，不是抱缺守残专志训古，就是寻声设色偏于雕绘，或是重蹈"心学"覆辙不务实际，空谈误国，于是别开生面亮出"经世致用"的旗帜，勇于动乱之世，开辟出一条以实学拯世的道路，也即倡导文化与科学，为国立基，为世所用，为民生计。正好，借还乡守孝的机会，召同好诸友再次相聚南园，为中国民族文化做了两件功不可没的大事。

一是子龙深感当前之世"朝无良史"、"国无世家"、"士无实学"，心怀识时征实的时代紧迫感，与徐孚远、宋徵璧、李雯等同道编辑出版《皇明经世文编》，集有明 270 余年来名卿大臣涉及世务和国政的昭代文章，凡 504 卷，又补遗 4 卷，洋洋乎一万余页。这部煌煌大著，明治乱，存异同，详军事，重经济，内容包罗万象，体例形式多样，广及政治、军事、赋役、财经、农田、水利、学校文化、典章制度……并以旁注形式，针对现实问题，陈述政治主张，详列经验教训，提出治世良策，为的是"上以备一代之典则，下以资后学之师法"。张志士雄志，开经世实用新风，体现了一代士人的时代使命感和历史担当精神。

二是整理编辑徐光启的《农政全书》。徐光启（1562～1633），字子先，万历三十二年进士，崇祯五年入相。是一位杰出的思想家，也是一位卓荦于世的科学家。雅负经济之才，用世之志，子龙向来敬佩他的学问和人品，更为其经世之志所感动。早年曾亲至京都拜访求教，恭问当世之务，一番谆谆教导，令子龙胸襟大开得益匪浅。

在农业文明的社会，农是国家之本，民生之源，农盛，则国强民富；农衰，则国弱民贫。自徐公谢世后，子龙熟知光启明农之学全在实用，从其次孙徐尔爵处得"农书"草稿数十卷，认为这是富国化民的根本，不由大喜，日夜抄录，并删其繁芜，补其缺略，灿然成《农政全书》凡 60 卷，又亲撰《凡例》概述全书宗旨、主要内容、思想渊源，以及其独到见解和突出贡献。《皇明经世文编》录存《徐文定公集》（徐谢世，帝赠少保，谥文定），堪为文编之精华，垂世之经典。

徐公之伟，子龙之赜，煌煌然彪炳中华文化史；心系社稷实用之学，洋洋乎开拓出中华文化新境界。

宦迹：声誉越水间，奏雅清风堂

一楼幽梦，半窗风月，悠悠然漫过子龙的而立之年，日渐隐没在寒天霜月的动荡岁月和风雨飘摇的晚明历史。

又是天灾，又是离乱，又是边关战事频频告败，又是内地义军步步进逼，更因历三朝颓势已是积重难返，崇祯帝虽宵衣旰食，却空怀振兴大计，本人又依然刚愎自用，才致重蹈覆辙。身处世难，子龙深感失望。书生情怀难为廊庙之器，文采风流更难为国家铮士，与其时危长叹，夜半悲歌，何不安命草泽而以一介布衣尽平生之才，为国为民做一点实实在在的事呢？何不追踪先贤而以天下为务，不也可足慰平生忧时之念济世之志吗？于是意欲杜绝仕途，休逸江湖，只想谨遵父嘱，尽孝祖母安度平民生涯。

朋友屡屡相劝，他可以不听；妻子苦苦相劝，他也可以不听；然而祖母深明大义，面对子龙严词相责：

"孙儿，你要知道，我们陈家世代幸沐皇恩，怎可因我这一个区区无用的老人，就放弃世间大义和报国之志呢？"

祖母说话了，孙儿不能不听啊。

母丧既除，守孝期满，子龙只得奉命于崇祯十三年（公元1640年）早春北上京都。行行重行行，踟蹰复徘徊，意绪留恋，游子思归。到京适逢恩师黄道周因谏言事罹罪下狱，恩师蒙难，心急如焚，子龙四处奔走设法营救，皆无济于事，即愤而上疏，请准予侍奉祖母回乡终养。顷遭通政司一顿责问和数落：既要奉养，你何必进京？既已进京，你又何必奢谈奉养？终于不准，派为浙江绍兴府推官。

推官，是专管审判、检察的司法官，只是一个佐贰官，除了履行本务而外，还时受知府派遣到杭州办事。当时杭城有个权倾一方的内监叫崔璘，专管盐务，地位却在巡抚或巡按御史之上，时人称之为"内相"，晋见者不是长跪聆训就是竭资献礼，无一不谨小慎微提心吊胆。子龙实在看不惯，并深恶痛绝，从不屈膝谒见。好心的同事总为他捏一把汗，劝他说："你还是屈就一点吧，拜见拜见他又何妨呢，我们真为你担心啊！"

子龙一脸愠怒和不屑，义正词严毫无惧色，说："屈膝跪拜内监，岂我卧子性情！内监作祟，本有前车之鉴，今又故伎重演，岂不祸国殃民？果真如此嚣张跋扈，我倒不如解甲归田安家立命，那多少还有一点活路！"

好在崔璘不久奉调离杭，子龙侥幸逃过一劫。

没有多久，诸暨县知县出缺，布政使指派子龙赴任署理。诸暨地处山区，一连数年惨遭水旱之灾，土地荒芜，榛莽丛生；寒村烟断，路有饿莩。家无一粒粮，民何以为生？居有透风墙，身何以为栖？这个年头，饥民不是坚守故园啼饥号寒，就是流离失所沦落他乡。三年前子龙于赴京途中，曾目击饥民逃荒乞食的种种凄苦境况，不由心生怜悯作诗抒怀，有《小车行》一首，痛叙逃荒夫妻推车觅食的悲惨情状：

小车班班黄尘晚，夫为推，妇为挽，出门茫茫何所之。

青青者榆疗我饥，愿得乐土共哺糜。风吹黄蒿，望见

垣堵，中有主人当饲汝。叩门无人室无釜，踯躅空巷泪
如雨。

遍地皆荒，满目凄凉，家家无人，室室无釜，哪有人的生
路？哪有丰衣足食的乐土？这不仅是同情和怜悯了，更是一个
时代的惨烈写照，一幅目不忍睹的难民图。那是诗人发自肺腑
的悲鸣，是无以遏止的沉痛呼号，是抒发民生理想的悲悯情
怀！子龙今到诸暨理政，踏遍越山越水，途中更是亲睹灾后种
种惨状，耕田无收，民不聊生，米价连连暴涨，赋税年年催
逼，灾民生活无以为继，流民处处已不见了炊烟人家。子龙曾
作《流民》一诗以记之：

> 怀符山县去，凭轼暗生悲。
> 中泽鸿多怨，空仓雀苦饥。
> 市门连井闭，米舶渡江迟。
> 乐土今何在？春风易别离。

子龙作为一方的父母官，亲自视察民情，一路寒荒凄凉，
所见粮仓空闭，鸟雀苦饥，市廛萧条，米船无影，怨声载道
……乐土今何在啊？天道今何在啊？徒叹春风不宜人，更嗟荒
年别离情！诗，只能表达一时的心情，以诗咏叹，于事何补？
要想饥者有其食，寒者有其衣，拯民于水深火热，谈何容易？
子龙赴任伊始，时有饥民忍无可忍群起作乱，他们四下流窜打
家劫舍，甚至蜂拥而上哄抢大户，乱象四起，不堪收拾。
子龙想起自己以往所刊印的经世文选，其中囊括赈灾、农

政、财政、刑法等各种治理之法，虽说是纸上谈兵，但毕竟是前人的智慧和经验。经世之学，重在实用，实用之效首先是要为民做实事啊。真难为了一介书生，没有从政阅历和治理经验，惟以经世致用之学，据实而用，以心而治，根据当朝大法，自创检举法、保甲法、连坐法、赎罪法等诸种土法：顺人心，赈灾民；正恶俗，清土风；辨诬讼，断疑案；识伪令，治诈骗……执法必苛以儆效尤，惠民在利以安其生，即堵即疏，且治且导，难说人人安居乐业，但社会秩序终于大为改观。

崇祯十四年（公元 1641 年）正月，一连下了十多天大雪，浙东天地间，朔风凛冽，举目皆白。子龙从杭州贺节归来，白雪皑皑，山路皆断。正艰难行进中，忽闻饥民作乱，乍惊之际，即驱车前往处事。一路上只见饥民手执大刀，身背米袋，千百成群却集散随意，子龙的车一时无法通过。

子龙问道："你们要干什么？"

人群中有人认识陈知县，竟一点也不胆怯，只是说："家里一点粮食也没有了，饥馁难忍，朝不保夕，我们就要饿死了！只是到大户人家借点粮食呀……"

"你们难道不知道，这是在犯法吗！"子龙喝道。

"啊呀，大人有所不知，犯法是屈死，不犯法是饿死。与其今日饿死，不如明天屈死。大人哪，我们没有生路啊……"

子龙听了，心有所动，沉吟有时，反复劝解疏导，并承诺为他们想办法。然而，一批方散，又一批一批接踵而来，竟至把官车团团围住，两天后方至诸暨城中府邸。作为朝廷命官，他不能不依法严惩乱首；作为深怀善心的执政者，他不能不施以仁政惠及民生，随即下令打开四郊所有义仓，低价出粜米粮以解百姓燃眉之急。好在子龙上任之初，对民生实事早存近忧远虑之心，为长久计，对贮粮政策作了大胆改革，变藏粮于官为藏粮于民，鼓励富裕人家和一方缙绅大户广为积粮，以备岁饥不时之需。今年饥荒酷烈，他凌寒踏雪，跋涉山径，一家家动员乡绅世家和藏粮大户慷慨发粮救济饥民。晓以慈善之理，动以仁爱之情，一则扬之以善，再则允之以利，富家多受感动，觉得既得了善名，又没有吃亏，于是或减价惠乡里，或赊账救其贫，或分粮缓其急，或捐米施粥济饥民……同时，子龙又公私双管齐下，拨出公款数千金贷给商人外出购粮，盈利则一半惠民，一半利商。两利不亏，皆大欢喜。这样，不仅安然度过荒年，而且充盈了库藏。家有余粮，人不啼饥；路无乞丐，狗不吠警。老百姓有了更生的希望，境内秩序井然，街市商贸也一如往日了。

子龙以经世之才治政一方，赈灾更是有所成效，政绩卓著而一时传为美谈。然而，此仅为诸暨一境之安，四围之区饥民扰乱依然日渐加剧。时适新县令到任，他则受浙江督抚之命，专职主持赈灾之事，嘱以诸暨经验推广到每一个灾区。子龙肩负重任，再一次踏上艰难的民生之路。他脚穿草鞋，手持竹竿，一连几个月，翻山越岭，栉风沐雨，浙东的山山水水印满了他斑斑足迹，山区的村村寨寨时时可见他辛勤的身影。考察灾情，访贫问苦，和颜悦色，一点官架子都没有。无论是谁，皆以平易和善待之，关爱备至。每至一乡，竭尽全力赈灾扶贫，解困救难。官府救助和民间慈善相结合，上下协力，成效显著。凡受灾人家，均可领取救济粮养家糊口，仅一年灾荒，就发放了七万五千石粮食，救了十余万人的生命。最为可怕的是，灾情与疫情往往同时迸发，于是他设法集资创办病坊（即公立医院），延请名医进行治疗，短短数月，用药达一万余剂，救治一千余人。那些不幸染病而亡的人，则由官府出资殡葬。凡见被遗弃的婴儿，或送育婴堂，请老妇和乳娘喂养长大，或寻访父母劝其领回，或由好心人家认领抚养，如此救活的弃儿也有三百余人。

荒年已过，百姓安居，又恢复了平平常常的草根生活。

子龙理所当然的受到嘉奖，他却从不居功自傲，以一颗平常心，谦逊的说："这都是上官和贤豪长者的功绩，我唯尽绵薄之力，称誉若此，惭愧惭愧啊。"

子龙作为地方推官，出门办事，决不前呼后拥威震百姓。每每游于山泽之间，与士人平民高论清言谈笑风生，交往者有时竟不知道他是郡县长官。遇有诉讼之事，不轻易拘人，不动辄棒喝鞭笞，只是理清原委，按轻重缓急，法治与心治相款洽，时以好言相劝，以法规陈利害，往往只数言裁决，便使罹罪者悔过而去。这样一来，平日里作恶多端的歹徒，或终日蛰居，无所事事也不敢造次，或荷锄农耕，经营田亩而自食其力了。当然，对于奸吏、刁奴、恶棍、戕害百姓之徒，以及逆子、恶弟、妒妇、败坏伦理有伤风化的人，即使出自豪门大家必也一视同仁，归案查办，以法绳之严惩不贷。至于犯有一般过失的人，则于每月初一和十五，令其跪听圣贤之言为人之道，当有悔过改正之意，则由同族或邻里作保，方可释之以归。官府衙门执法宽严有度，人皆折服。廉洁不徇私情，清明如水门可罗雀，上峰褒奖，百姓信任，一时浙东境内有口皆碑。

当时绍兴知府的公署在城内卧龙山下，推官的衙门在西邻，称为宛委斋。有大堂、书房、内宅约十余间。子龙任内，在斋前又新建一厅堂，称清风堂。五间堂屋一字排开，和恬清朗而洁雅。堂额为八分书，刚健遒劲，颇俱气韵；两边抱柱有一联：

爱物若驺虞；
指佞如铁屈。

为嵌绿行书，安静敦重，风规自远。堂额和抱柱联，均出自恩师黄道周手泽，体现了子龙一如乃师的襟怀和风骨。中有一大间为书房，一室所见皆为书，排列有序，琳琅满目；清几古瓶，笔砚在案。子龙每于公务之暇便回到清风堂，或全神贯注埋首卷帙，或端坐凝神挥笔疾书。作诗词文章，倡治世之音，发忧思之怀。一管在握，两袖清风，续接古今，踔厉峻发，彬彬文质不掩志士胸怀。

子龙素有文望，四方学子纷至沓来，拜师求学切磋至道。至必引以为友，迎迓有礼，以诚待之，谦谦然见君子品行。循循然为大家风致。崇祯十六年（公元1643年）秋，松江学子王沄前来看望老师，住清风堂下首一间客房。有朋自故乡来，不亦乐乎！子龙心中特别高兴，每每读书到兴头上，或自己写得一篇得意之作，便大喊一声，把王沄叫来，师生共读共赏共研，时而高声诵读，物我两忘，时而渊思研旨，疑义相与析，相得之情溢于言表。师生两人无拘无束，自由自在，心有灵犀一点通。卧龙山下，书声朗朗；清风堂中，清风习习，浑如天籁之音，绕梁三匝，沁人肺腑。

秋去冬来，王沄一住数月。老师舍不得学生走，学生也舍不得离开老师，日以清读，夜以雅奏，师生之间，推心置腹，无话不谈，桃李情深，其乐融融。

最可贵政声蜚然，最有味卷中岁月。子龙抚时忧志，恪尽职守，终归还是名士风流，志士襟抱，依然不减书生本色！

报国：孤胆壮行色，献策图复兴

晚明的天空，乱云飞渡，历史的呼吸充满了血腥。非常的岁月，非常的大地，以悲壮的形式，以峥嵘的气象，甚至以赴汤蹈火的无畏生命，赋予人以崇高和气节，赋予时间以亮度和意义。清风堂已然冷落，书案风雅悄然消隐。马蹄声声淹没了静好岁月，报国忧忧唤起了斗士的勃勃英气和铮铮铁骨。

一个王朝险象环生，伴随着惊涛骇浪。伴随着刀光剑影。陈子龙投笔从戎，从此彻底告别了名士风流和平静的书斋生活。可是，子龙的从戎生涯，却以自责和自疚发端，直令他悔恨终生。

崇祯十六年（公元1643年）冬，张献忠起义大军长驱直入江西边境，威慑浙江，时势十分危急。东阳县姚知县乘机以"筹粮"平乱为借口，敲诈当地豪富许都万两白银以中饱私囊。许都也为官宦子弟，富甲一方，却常年济民，口碑甚佳，为众望所归。他得知"筹粮"原委，深恶贪官行径，未予理睬，便得罪了知县大人。时值许都为母亲办丧事，乡亲平日多受许家恩泽，吊唁会葬者竟由数百数千而聚至近万人。姚知县便向上峰诬告许都叛乱造反。许都本无反心，这时已走投无路。反，也是反；不反，也是反。不反，是死；反，也是死。与其坐而待毙，不如举旗起事，或可于危途杀出一条生路。当时正办丧事，人多势众，络绎归附者奔而投之，随后利用治丧白布裹头，人称"白头军"。新任浙江巡按左光斗即把浙东事交给出差在外的陈子龙，并准予随机行事。

先锋朱之彪率众万余，一路攻城掠地，破东阳、义乌等地，威震宁波、绍兴、台州。许军依凭浙东层峦叠嶂山险水急，据岩崖危地湍急溪流安营扎寨，严阵以待官军进攻。子龙原与许都旧交，素知其为人通达仗义，无意与当朝分庭抗礼，想必被人所惑一时妄动，因而恐他受到牵连，一心只想以招安了事。如若归顺，一则可以挽救旧识，再则可以他的力量为国效力了。正月二十五日，子龙奉命领兵千余，日夜兼程一路西行，二十六日抵达诸暨，与另一路官兵会合誓师，二十八日进至龙潭。二十九日除夕，官军步步进逼，许都部队宛转撤退至紫薇山，矢石交下，依险据守。官兵前后包抄，沿山径险道蜂拥而上，边放火烧山，边强行进攻，官兵来势凶猛，许都节节溃退。

崇祯十七年（公元1644年）元旦至第二天，子龙率部收复义乌，三日攻至双林寺。许都部下所剩已不到三千人，退守南岩，并生降意。当时官军各部集结已达万余人，兵备道王雄周知山路艰阻，易守难攻，而许都扼守山中，熟悉地形，积粮充足，精锐余部必然拼命死保险峻之地，且后有退路，直通台州、处州各地，看来强取定然损失惨重，一时断难取胜，而上峰催逼日紧，于是与子龙商量道："如若许都肯投降，我们就接受吧！息兵救民，方是上策。"

"许都与我有一面之交，昨日已派人来表投诚之意，我当时未及呈报，只因事大，不敢贸然决定，既如此，那就打过这一仗再商议吧！"子龙说。

部队正欲拔营前进，许都使者又至，说许都愿意反绑投降。子龙为打探真伪虚实，欲表诚意以消除对方戒心，决意不带一兵一卒，仅以使者牵马并为向导，单骑前往。子龙迳自驰驱山间险道，一路察看地形领略山势，并时与使者谈笑风生，意态从容，一无怯意，曲折宛转行约四十余里，不觉已日落西山，暮霭苍茫。许都与之数番苦战，今又以旧交相见，悲欣交集，一时无语。营外寒风飒飒，帐内灯光摇曳，开宴叙旧，友情如昨。看似觥筹交错气氛融洽，实乃朝野异途，各怀心思。宴罢人散后，子龙终于正色道："兄向以豪杰自许，男儿当为国出力，建功立业，为什么要造反呢？官兵四面包围，你身栖穷山恶水，寡不敌众，危在旦夕，这又何苦呢？"

许都听了，眼泪禁不住簌簌而下，痛心疾首地告之以东阳县令姚某贪赃枉法敲诈勒索之事，并反诬叛乱等种种邪品恶行，自己被逼无奈而走上这条绝路，继而呜呜咽咽地说："卧子，我既已走上绝路，自知罪孽深重，唯有束身归命，看来只有兄台可以救我一命，一切都拜托了。"

子龙听了，悲切之余亦心生同情，低声说道："你已犯了死罪了，只有自缚以请见王兵备道，以诚意谢罪取信大人，如侥幸不死，就带领你的部下渡江作战，将功赎罪，你看可好？"

许都欣然同意，恳求说："兄定要为我申明是被逼而反，今投诚当竭尽全力为国家效劳，万死不辞，虽死无恨！"

"不过要抓紧时间，迟了就难说了，那今晚就下山吧！"子龙说。

许都豪爽，心无芥蒂，坦然言道："大丈夫一言为定，那就即刻启程，请兄引见道台王大人。"

许都部下得知受降消息，顿起哗声，死死苦谏，认为此去凶多吉少，还不是白白送掉性命！不如决一死战，以求退路。他们亮出刀枪，虎视眈眈，怒气冲天，欲刃子龙。子龙岿然挺立，面带微笑，不断陈以利害关系，并以种种许诺，循循然宽慰众人。

这时，许都对他的部下大声说道："我等以往已铸成大错，幸亏陈公前来给我们指出一条明路。我计已决，如有不从，也不勉强大家。我与众弟兄生死一场，要不还是好聚好散吧！"

既已如此，大家的情绪才平息下来。众虽无语，心也惴惴。

于是，子龙连夜带许都与三个随从下山，赶到大营，已是半夜时分。为防万一有变，子龙要许都隐去真实身份，而以使者名义谒见兵备道王雄。王雄和"使者"说，回去告诉许都，只要他烧毁营垒，交出武器，遣散余部，带二百人自缚来降，当可免于死罪。许都心中暗喜，始信子龙劝言不虚，连连谢过。机不可失，事不宜迟，子龙当即欣然陪许都摸黑上山，安排投诚事宜。

已是三更过后，山中黑魆魆一片。风从林间吹来，凛凛生寒，或闻夜鸟一声怪叫，树上扑簌簌一阵颤动，不知隐身何处。夜色沉沉，怪影幢幢，五骑前驰后随，翼翼小心，步步留神，循沿熟悉的山路不紧不慢，深入大山深处。得得的马蹄声，时与潺潺溪流相应和，回响在悬崖绝壁和丛林森峭之间，仿佛是从另一个世界飘来的声音。待他们赶到山寨，天已放亮。许都部下正立马横刀，准备厮杀，一见统领安然归来，便雀跃相迎，喜不自胜。子龙协同许都倾财分物安置众人，遣散余部，依约只带二百人自缚来降。

　　一介文人到底难脱书生气，原想自己冒着生命危险单骑劝降，既有功于朝廷，又开脱了朋友罪责，真是件两全其美的好事啊！真没有想到，上峰背信弃义，不顾事先承诺，定要严惩要犯。子龙本想把他们引上正路，戴罪立功以为国家效力，自己一而再、再而三请求赦免，哪怕从轻发落也好，至少也要放二百随从一条生路，舍命苦谏终而未获恩准，许都仍然问斩江岸。最为于心不忍的是，处决了许都不算，还一下子残酷杀戮了降者六十余人。他们本是劳苦百姓呀哪实在是生活不下去了，才走上叛逆之路。遭此劫难，全为劝降之过，真对不起朋友，对不起这些苦难的弟兄哪！自己也被迫违背诺言，失信于朋友和这帮弟兄，平白蒙受劝降诱杀之冤，世上正直之士，将何以评说何以贬斥呢？

　　血，染红了长江水，呜呜咽咽是沉痛的悲歌；怨，渗入漠漠水野，凄凄惨惨是不肯离散的冤魂！

　　子龙的心也在滴血，点点滴滴都是无以诉说的悔和恨，滴滴点点都是无法排解的自责和愧疚。他又想起自己年老体衰的祖母，她早先因过不惯官邸生活已回乡一年有余。祖母想孙儿夜不能寐，孙儿想祖母也牵肠挂肚，官场既已腐败如此，还不如回乡侍奉祖母以尽孝道。然因子龙威信素著，清望日高，吏部不但没有准予回乡终养，而且还授之于兵科给事中，巡视两浙兵马城池。

崇祯十七年（公元1644年）正月，子龙接部令调往京都供职，受命于大明王朝生死存亡之际，正好可为危如累卵的国家贡献自己的绵薄之力，不料未及抵京，李自成起义大军集中兵力进逼京都，军威赫赫，势不可挡。三月二十八日攻破北京城，二十九日崇祯帝于煤山投缳自缢。大明王朝覆灭，大顺国李自成都京称帝。然而，大顺立足未稳，四月二十二日，明叛将吴三桂率部礼迎大清多尔衮入山海关，两支劲旅与起义军几经鏖战厮杀，李自成兵败如山倒，二十九日即率残部出门西逃。吴三桂乘胜追击一路西去，多尔衮则率清兵势如破竹直取北京。大清帝国从此筑稳基业，无一师可与之匹敌。赫赫扬扬，称霸中原。

中原地域大明日落，江南水岸南明继起。北京沦陷，崇祯自杀，噩耗传到南京，张慎言、史可法等重臣在震惊慌乱之际，几经廷议和纷争，拥立神宗次子常洵的长子嗣福王朱由崧南京摄政，先为监国，翌年（公元1645年）一月即位，称弘光帝，改年号为弘光元年。五月，子龙奉命赴南京就任兵科给事中，官职虽微，却可参与朝政。为国立言献策，铁肩义不容辞，子龙殚精竭虑，频频上疏，总结经验教训，痛诉沦亡之痛，揭橥祸乱之源，奉献治安之策，惟想于艰危迭现之时，厉兵秣马，弘扬国是，驱除鞑虏，收复失地。重振大明威风，再现民族辉煌。

还是太天真了，太乐观了，太理想化了，太书生气了！弘光帝沉湎酒色，凡庸昏聩，偏安江南一隅，哪来这等雄心和气魄？战事连连，积重难返，恢复元气，重振国威，谈何容易？多年来天灾人祸，纷乱四起，民生荒寒凋敝，宫廷是非不断，富国强兵更待何时？小小"兵科给事中"，一个谏官，人微言轻，况且廷议正邪纷呈，忠奸不明，纵有《自强之策疏》言之凿凿，策论警辟，堪比贾谊的《治安策》，可攀诸葛亮的《隆中对》，只可惜此时也，非彼时也，何人可听？何事可补？志在以身许国，肩担天下安危，有忠心，有抱负，有眼光，有奇才，何用之有，何用之有啊？！

六朝旧都，暮色苍茫。满目寒烟衰草，依然是小人得志，贤良遭谤。朝野纷争，文武倾轧，这样下去能有什么作为呢？

心中景仰的良臣刘宗周走了。

德才双馨的恩师黄道周走了。

敬慕的座师姜曰广也走了。

悲恨相续，愁肠百结，深陷失望和痛苦中的子龙，也想走了。

子龙在朝不过五十余日，为社稷计，为黎民计，为收复中原复兴大明计，连续上书奏章凡38篇，明时势，辨是非，立警言，献上策，别具只眼，经世致用，一一皆呕心沥血，在在皆金玉之声，唯望重振山河以尽一己菲薄之力，岂料顷即成一纸空文无人问津，且又见嫉于朝中小人，无时不遭谗言诽谤，岂不令人痛心之至，令人失望之至啊！

尽忠有心，报国无门。徒留何益？还是走吧！

于是，子龙藉江南习俗，以"请假葬亲"和侍奉生病的祖母为由上疏，终获三月之假，于九月底返回故乡松江，迁祖坟于青浦广富林。

乞归故里，一个家总算在青浦安顿了下来。人是回到故乡了，心里放不下的，还是国家的兴亡，还是百姓的疾苦。秉烛夜读，呆呆地看着闪烁的灯火，从六朝旧都的如烟往事，想到当今石头城内正在演绎的种种故事，一种不祥的预兆倏地涌上心头，不由得推开案上卷帙，失神北望，思绪茫然，断断续续独自低语："时事不可为……言路未开，国运难料……木瓜盈路，小人成群，海内无智愚，皆知颠覆不远矣……"

长叹一声，灯火寂灭。

永夜无月。屋里屋外漆黑一片。

殉节：国破山河在，魂归故乡水

"杜宇一声裂石纹，仰天啼血染白云。"[①]

声声鸟籁与冉冉白云，因至情和痛苦，交织成血染的悲歌。

"庆卿成尘渐离死，异日还逢博浪沙。"[②]

古往今来，有多少英雄豪杰，从子龙心中一一掠过？荆轲死了，高渐离也死了，但壮志不死，精神不死，博浪沙中的英勇一击，依然浩气长存，永不寂灭。

前有古人，后有来者。斗士的生命和灵魂，与时代，与民族，与国家，因忧患和痛苦凝成血的人生、血的历史。不必嗟

---

① 陈子龙：《杜鹃行》诗句。
② 陈子龙：《易水歌》诗句。

叹，不必彷徨，在忧患中奋然崛起，在痛苦中呼啸前行，历史上始终站立着坚贞不屈的生命，死亡永远征服不了伟大的灵魂。

虎踞龙盘何处是？只有兴亡满目。正是丧乱岁月，大明已亡，南明危艰，归隐乡里一时可以安身，可以尽孝，可以顾家，可以静读，然而，偏安一隅，怎能践行自己建功立业的夙愿？

"入虎狼兮不复还，感乌马兮谁能理。"①

念往昔胆气干云霄，当今国难当头，志士豪慨到哪里去了？

"信事君兮无二心，愤国仇兮惭壮士。"②

曾经临风抒怀，剖心事君报国，今却寂然独处，堂堂七尺男儿的志气又到哪里去了？

子龙心思徘徊，肺腑痛彻，"国破家何在？"③ 国破家何在啊！在痛苦中挣扎，在挣扎中凛然而起，今日犹逢博浪沙，终于不再犹豫，不再消沉，铁肩自有担当，誓死不回头！

弘光元年（公元 1645 年），清兵经中原会战，跨过黄河长驱南下，席卷淮扬直取南都。五月，弘光帝在情势危急之际，欲仿南宋故事迁都杭州，在明清交兵的厮杀声中，行至半途就被降将田雄反戈缚获，献给清兵做了俘虏，押至北京即遭杀害成为刀下之鬼。几番风雨，几番鏖战，江南江北血流成

---

① 陈子龙：《别赋》诗句。
② 陈子龙：《别赋》诗句。
③ 陈子龙：《奉先大母归葬庐居述怀》诗句。

河。子龙的弟子史可法饮剑自刎，猛将高杰被叛军诱杀，好友何刚自行绞死，铁汉任民育整装待毙……壮怀激烈，视死如归，为民族的历史写下壮丽的一页。当然，也有的临阵退却、反戈降清，有的俯首称臣、卖国求荣……正邪交锋时，铁蹄声碎处，南京陷落，弘光王朝也无可挽回地覆灭了。

明潞王常淓闻风而降，杭州城也落入敌手。江南大地在腥风中呻吟，长江之水在血雨中哭泣。家国之恨，民族之难，激起反抗的滔天巨浪阵阵涛声，各地举兵竞起，义旗迎风，抗清运动风起云涌，此起彼伏。子龙与夏允彝等同道义士集众数千伺机举事。闰六月初十日，原兵部右侍郎沈犹尤称总督、兵部尚书，陈子龙称督军、左给事中，立军号"振武"，结集于松江。众将士黑压压一片，皆跪于明太祖遗像前，为抗清复明誓师起义。这时，吴淞总兵官吴志葵领一支水师自海入江结集泖湖；总兵官黄蜚拥兵船千艘自无锡驶来，与吴部水师会合；主力守松江，余部守金山。水师连营，陆军成阵，水陆相应成犄角之势。有这样一支强大的力量，本可以与清军决一雌雄，以振民族雄心，只可惜指挥失灵，首尾不顾，且军饷匮乏，士气低落，终不敌清兵的强势进逼和攻击，将士们壮烈牺牲者不计其数。八月三日，松江陷落，起义就此失败。

子龙败退西郊遇敌，差一点被人认出来，经一番周旋终于侥幸逃脱。于是携家走昆山，不久又避难青浦金泽。举目四望，哀鸿遍野，清兵掠地无数气焰嚣张，匡明大业越来越渺茫，壮志难酬也越来越迷惘。亲如手足的挚友夏允彝赋绝命词投水殉国了，子龙在无限的悲伤中，也想随友而去。生，抑或死，纠缠心中，难分难解，踟蹰在生死边缘，更是痛苦不已。

当然，死，可以一了百了，可以痛快一时。然而，在当时的情势之下，死，就意味着放弃希望，放弃战斗，是别一种屈服，别一种背叛，别一种绝望；死，也意味着放弃孝亲，放弃责任，是别一种懦弱，别一种逃避和沉沦。

死，是容易的；生，是艰难的啊！

子龙不能死。他自己也知道不能死。"留有铁肩，报国当有望。"如此说来，生，就是勇毅，就是担当，就是胜利。

向抗清的英雄和勇士虔呈一襟敬意，向先己而去的朋友们诚献一瓣心香。放逐了死神，战胜了自己。子龙又将待命出发。

为隐蔽身份，子龙出家于嘉善水月庵，改名信衷，字瓢粟，又号颍川明逸。在与僧人衍门研读佛法之余，以一袭袈裟为掩护，静观时局变化，待机东山再起。后再徙西塘、徐滩，流转于苏嘉杭之间。"平生慷慨追贤豪，垂头屏气栖蓬蒿"①，身处蓬蒿，投身空门，实在是养精蓄锐，以退为进，静待时机以图再度出山，与来犯清兵决一生死。败了，是人中豪杰；死了，也是世外鬼雄，然而，在世人眼里，子龙遁迹水月庵，是胆怯，是消沉，是逃避，可惜了松江才子，满腹经纶，何不走出空门为清廷新朝所用呢？昔日"云间三子"，已有"二子"屈服降清，就任新朝之臣。他们也曾劝导子龙，而子龙却不屑为伍，早已与他们分道扬镳。旧友和弟子劝降不成，又有降清的松江府知府张铫为立功，主动登门礼聘劝其归顺。子龙则以信衷之名予以严词拒绝，一盆冷水，张知府讨了个没趣。不

---

① 陈子龙：《岁晏子美同谷》诗句。

久，又一降清的分巡松江兵备道赵福星来了。官高气盛，敦劝
迫烈，子龙依然以信衷之名回札，立场坚定却用词委婉，只说
出家人只过得春笋秋莼的清净生活，自在晨钟夕梵中苦度余
生，赵大人关切若此，贫僧如何经受得起？这绵中藏针的一番
话，使这位分巡道大人也无可奈何，尴尬得下不了台阶。

"寥寥湖海外，天地一遗民。"① 自唐王聿键以隆武帝在福
建即位、鲁王以海称监国于绍兴以来，子龙以诗僧之名频繁活
动在苏、松、杭、嘉一带。徒有报国之志，一时却无所建树，
深感上负国家生成之恩，下负良友责望之旨，不由得发出了
"泪尽人间世，天涯何处逢"② 的哀叹。当然，他始终不甘失
败，守望信念，报国如初，隆武帝曾授予子龙兵部右侍郎、左都
御史。鲁监国则授予兵部尚书、节制七省漕务。这虽然都是一
无实权的虚衔，但他仍然担起了民族救亡的重任。

隆武二年（公元 1646 年）五月，吴易在太湖孤洲盛氏书
院登坛誓师，子龙兴奋异常，欣然参加，誓与清兵血战到底。
吴易，字日生，崇祯十六年进士，隆武帝授予兵部右侍郎兼右
金御史，总督江南诸军，封忠义伯，常年出没于太湖、三泖
间，坚持和南下的清兵作战，子龙称之为一世人豪。但又见他
逞强轻敌，幕客多为轻薄之士，部下军纪松懈，心想太湖之役
希望渺茫，难以成就大事。果不出子龙所料，吴易终于惨遭失
败，且被叛将出卖，从容就义于杭州草桥门。子龙不由慨然长

---

① 陈子龙：《避地示胜时》诗句。
② 陈子龙：《避地示胜时》诗句。

叹："江左英雄安在哉，彭城南郡生蒿莱。"① 怅念当年袍泽，情不自禁，悲从中来，令人不胜唏嘘。

吴易起义失败，部下多投奔江南提督吴胜兆麾下。吴胜兆是个见异思迁的人，前由反清而降清，今又从降清而反清，出尔反尔，反复无常，人品不好说。只因官场倾轧，群疑交集，暗遭弹劾而身受排挤，他出于私利私愤和投机心理，于永历元年（公元 1647 年）春，伺机倒戈，于是派了陈子龙的旧识、一位具有民族意识的干将戴之俊乘一叶小舟叩访子龙，意欲联合舟山水师发动兵变起义抗清。子龙在抗清活动中屡屡受挫，正为复兴前途沉忧嗟叹，日夜徘徊几不能寐，时或仰天长叹："茫茫天地将安之乎！"这时，闻得松江驻军蓄意反戈起义抗清，心里当然高兴，即修书一封，联络舟山水师的主将黄斌卿，约定于四月十六日夜，开船直达松江海港，与吴部联合举兵，向江南清军发起攻击。天有不测风云，那天夜间北风大作，海船难以出行，直至五更天色渐明，茫茫海域仍然风急浪高，涛声如雷。正在一筹莫展之际，不料有人告密，吴胜兆事泄被捕，严刑逼供间屈招陈子龙共谋其事。正好清军想拿陈子龙开刀，借以除尽三吴反清名士。五月初，清军江宁将军巴山亲领五百余兵丁，在苏松一带日夜游弋，到处搜捕。

举事既败，子龙改姓李，字大樽，与夏允彝之兄夏之旭带一个童子逃至嘉定，先住在朋友侯歧曾家里，怕不稳妥，便又藏匿到仆人刘驯居所。刘驯是个忠义之人，熟悉苏松路径，愿拼死护送子龙一行出逃，准备取道苏州，再设法潜入浙江。当

---

① 陈子龙：《九日虎丘大风雨》诗句。

时清兵皆持弓挟剑到处搜索，水陆两路戒备森严，港湾舟楫严禁驶出。一路颠簸，险情频生，好在大家互有照应，东避西藏，见机行事，倒也有惊无险，好不容易转移到吴县朋友的潭山祖坟。这里地处荒郊，人迹罕至，有屋数间，正可暂且歇脚。周遭草木翁郁，环境幽静，真是隐居好去处。

清兵东冲西撞，四处打探，一连五六日，搜查愈来愈紧迫，还是一无所获。一日，偶然捕到随行童子，经一番严刑拷打，终泄其藏身之处。巴山五百余兵丁皆挟持弓箭，气势汹汹，一拥而上。子龙知不能免，端坐堂上，毫无惊慌惧色，从容自若，索手就缚，立就被押至当地行署。

这是"三堂会审"，清军江宁将军巴山、江宁巡抚土国宝、都御史陈锦三位大人正襟危坐于公堂之上。审讯时，陈都御史见眼前这一英俊男子，卷发豹眼，双目上视，直立不屈，神色淡定，一种凛然不可犯的样子，心中先怯了三分，但也只能故作镇定，端坐案前。干咳两声，厉声问道："你就是陈子龙吗？"

"是。"

"你任何官职？"

"我崇祯朝兵科给事中。"

"你为什么要造反？"

"大人错也。我无一兵一卒，何以造反？"

"鲁王授予你七省总督，不是造反是什么？"

子龙一听哈哈大笑。笑声震梁，众皆惊骇。只听得他振振有词朗声说道："我大明先朝只有七省总漕，断无七省总督的官衔。鲁王命我总督义师，正逢祖母归天，恰有三年丧期，并未受之履职也。"

"你督师七省，人人皆知，还有什么话说？"

"我今已被俘，总督七省是死，总督义师也是死，难道还有什么可以不死吗？大人且歇，无需在此多费口舌了！"

江宁将军巴山指着子龙的头发责之道：

"何不剃发？"

子龙一脸鄙视，微微一笑，坦然道："留大明头发，方可以见我先皇帝于地下啊！"

堂上众人一时忍俊不禁，杂然而笑。只听得"啪啪"数声，惊堂木拍得连天响，三位大人拍案斥骂，个个声嘶力竭，丑态百出。子龙再也按捺不住，睁圆双眼，勃然大怒，竟然连连用松江土话骂不绝口。别说清人听不懂，就连在座北人也听不懂。骂得天昏地暗，骂得痛快淋漓，骂得人人一脸惘然。主审者没有办法，只得作罢，草草了结，旋即把子龙五花大绑，投之船舱，只待解往南京，交由洪承畴审问了断。

这是一个不平常的地方，不平常的春夜。吴中浒墅关古运河的码头上，有一艘静泊的三桅船，舱内舱外全是横刀挥戈的兵丁，戒备森严，如临大敌。这艘神秘莫测的船，在影影绰绰的水波中，在岸上百姓惊疑的目光里，悄然无声地起锚了。夜风从水面吹来，一无春天的气息，只是阴冷，充满惊悚，还有血腥味。船上张挂的灯笼摇摇晃晃忽明忽暗，船舱中透出幽微的烛光，就像夜鬼的眼睛，飘飘忽忽，照映着一个人，一个重犯。他，就是陈子龙。

五花大绑，丝毫动弹不得。危坐舱中，依然挺直了脊梁，闭目养神从容淡定。依然风雅如素，却透出一种威武不屈的血性，一种凛然不可犯的浩然正气。

大明残梦渐行渐远，行将飘然而逝，剩下的只有交会于生与死之间的斑斑血痕和缕缕忧郁。是的，生与死的问题，再一次翻腾在他的心头。此一时，彼一时也。彼时求生，是身有自由，尚存余力可以尽孝尽忠，可以忝列抗清力量以图复明大计；如今既沦为阶下之囚，贪求一生，那就是偷生怕死，就是甘愿人格受辱扭曲自己的心灵，就是一个背离家风、黎民、民族和国家的变节分子了。

生，是卑微，是耻辱，是匍匐蜗行的精神侏儒。

死，是风骨，是气节，是挺直脊梁的不屈灵魂。

是跪着生，还是站着死？是为瓦全，还是宁为玉碎？

生与死，就在一念之间。一念之差，自有天壤之别。他侧首凝望舱外的沉沉夜空。有星星，稀稀落落，黯淡无光。有月亮，隐隐现现，苍白得没有一点生气。忽而有一个声音，从遥远的时空徐徐传来："鸟飞反故乡兮，狐死必丘首。"

那不是楚大夫屈原的声音吗？鸟飞尚知返回自己的故乡，狐死了，尚且还要回到自己的家园，我今却要离开生我养我的故土家乡，解往南京客死他乡，就再也回不来了。忽而，这个声音又在劝诫，在召唤："身既死兮神从灵，子魂魄兮为鬼雄！"

还是屈子的声音，声声拨动心弦，句句如从己出。是啊！生当作人杰，死亦为鬼雄，连李清照这样一个女子都能发出如此豪壮的声音，我堂堂七尺男儿，既已置生死于度外，岂能不步历代英雄后尘完志殉节呢？正恍惚间，子龙忽听得一声吆喝，见是两个满人，凶神恶煞的样子，那是南京派来专程押解重犯的解差。子龙嚯的直立起来，竖起两道剑眉，天生的一双"盼刀眼"眈眈上视，透出一股凛冽之气。满人见之心惊肉跳，吓出一身冷汗，顿时霸气消失殆尽，灰溜溜地到一边休息去了。

子龙这时已偷偷地掣松绳索，手脚已略可活动。耳畔又有一个声音在轻轻呼唤他，那么熟悉，那么亲切，又那么坚定。是先我而去的夏兄夏允彝啊！于是心中默默念道："夏兄等我，愚弟卧子来也。"

说时迟，那时快，当船行至跨塘桥下，乘守卒不备，子龙挣脱了绳子，推开了舷窗，拼全力向外纵身一跃，只听"噗通"一声，子龙已跃入奔流不息的塘河水中。水花起时，声息即止，人随水流，瞬息不见了踪影。船上官兵顿时乱作一团，高声大喊，急呼捉人。在责怪、呼叫、埋怨、斥骂的一片嘈杂声中，数十名水性好的兵丁纷纷下水搜寻，待到把人打捞上来时，早已一瞑不视，停止了呼吸。清兵残暴之极，竟割下子龙头颅，悬挂在船首虎头牌上，而把尸体抛入古运河中，随急流隐没于烟水深处。

这真是一个不平常的春夜啊！时在永历元年，即1647年5月13日。

他死时正值英年四十岁。

天地无言，水流有声。

那条河，家乡的河……

看看那条从太湖流来的远远阔阔流动不息的河，流向松江，流向大海，流向大地上时间的风景。

那水声，古老的水声……

听听那从历史中流来的汩汩汤汤低徊呜咽的水声，可以听懂屈子的离骚九歌，可以听懂子龙的诗心文魄，可以听懂古往今来无以计数的仁人志士呐喊的灵魂！

（撰稿人　陆嘉明）

参考书目：

［1］《明史》。

［2］《陈子龙及其时代》（朱东润著）。

［3］《陈子龙全集》。

［4］《陈子龙诗集》。

［5］《陈子龙年谱》（自撰、王沄补续）。

［6］《柳如是别传》（陈寅恪著）。

附录：

《明史·列传·第一百六十五》

陈子龙，字卧子，松江华亭人。生有异才，工举子业，兼治诗赋古文，取法魏、晋，骈体尤精妙。崇祯十年进士。选绍兴推官。

东阳诸生许都者，副使达道孙也。家富，任侠好施，阴以兵法部勒宾客子弟，思得一当。子龙尝荐诸上官，不用，东阳令以私憾之。适义乌奸人假中贵名招兵事发，都葬母山中，会者万人。或告监司王雄曰："都反矣。"雄遽遣使收捕，都遂反。旬日间聚众数万，连陷东阳、义乌、浦江，遂逼郡城，既而引去。巡抚董象恒坐事逮，代者未至，巡按御史左光先以抚标兵，命子龙为监军讨之，稍有俘获。而游击蒋若来破其犯郡之兵，都乃率余卒三千保南砦。雄欲抚贼，语子龙曰："贼聚粮据险，官军不能仰攻，非旷日不克。我兵万人，止五日粮，奈何？"子龙曰："都，旧识也，请往察之。"乃单骑入都营，责数其罪，谕令归降，待以不死。遂挟都见雄。复挟都走山中，散遣其众，而以二百人降。光先与东阳令善，竟斩都等六十余人于江浒。子龙争，不能得。

以定乱功，擢兵科给事中。命甫下而京师陷，乃事福王于南京。其年六月，言防江之策莫过水师，海舟议不可缓，请专委兵部主事何刚训练，从之。太仆少卿马绍愉奉使陛见，语及陈新甲主款事。王曰："如此，新甲当恤。"廷臣无应者，独少詹事陈盟曰可。因命予恤，且追罪尝劾新甲者。廷臣惩刘孔昭殿上相争事，不敢言。子龙与同官李清交章力谏，事获已。

未几，列上防守要策，请召还故尚书郑三俊，都御史易应昌、房可壮、孙晋，并可之。又言："中使四出搜巷。凡有女之家，黄纸贴额，持之而去，闾井骚然。明旨未经有司，中使私自搜采，甚非法纪。"乃命禁讹传诳惑者。子龙又言："中兴之主，莫不身先士卒，故能光复旧物。今入国门再旬矣，人情泄沓，无异升平。清歌漏舟之中，痛饮焚屋之内，臣不知其所终。其始皆起于姑息一二武臣，以至凡百政令皆因循遵养，臣甚为之寒心也。"亦不听。明年二月乞终养去。

子龙与同邑夏允彝皆负重名，允彝死，子龙念祖母年九十，不忍割，遁为僧。寻以受鲁王部院职衔，结太湖兵，欲举事。事露被获，乘间投水死。

三军曾亦殪天狼

——抗清义士吴日生

这天是南明隆武（唐王朱聿键）二年，清顺治三年（公元 1646 年）阴历六月十七日，上午天空晴朗，阳光照耀着邓尉山上葱郁的草木和裸露的山石。可是过了中午，突然阴云密布，接着大雨哗哗倾盆而下。明末文学家叶绍袁完全沉浸在巨大的悲痛之中，两行老泪潸然而下。在这以前，叶绍袁听到山中遥传：他的好友太湖抗清义军首领吴日生在杭州草桥门殉难。猝然之间，他不敢轻易相信。午后，从家乡赶回来的僮儿口中证实："军营中的人所说，确实如此。"顷刻之间，这噩耗犹如五雷轰顶！叶绍袁颓然坐在椅子上，往日和吴日生的交谊一幕幕浮现在他的眼前。

叶绍袁明天启四年（公元 1624 年）登科进士。十九年后，明崇祯十六年（公元 1643 年）吴日生也高中进士。两人都是吴江人，正在迈向人生巅峰的好时机，却面对晚明朝廷腐败，清军大举进攻，叶绍袁不耐吏职，最后乞求归养；但秉性刚烈的吴日生愤于时局，就投奔史可法抗清。两人都有一颗炽热的报国忧君之心。他俩从相识、相知，直到成为知交。此时，叶绍袁百感交集，感慨万千。他在国破家亡的打击下，虽仰慕吴日生反清壮举，却无勇气参加，最后遁入空门。叶绍袁素来有记日记的习惯，出家流亡的途中，仍然坚持写日记，这就是著名的《甲行日注》，日记始于崇祯十七年（公元 1644年）八月二十五日，取《楚辞》"甲之朝吾以行"一句而得名。在日记中记录着同吴日生抗清义军的往来，并为他们出谋划策，当抗清义师胜利时，又为他们高兴而欢呼，当义军失败后，他更是黯然而神伤。

吴日生（？～1646 年）南明抗清将领。名易，字日生，号朔清，他的故乡是吴江松陵柳胥村（今属江苏苏州）。少负才气，兼好兵法。曾为复社的活跃分子，能诗善文，又喜读兵。清军入关，吴日生写了"讨贼复仇"四个大字贴在自己的门上，作为誓词。今天在江南古镇吴江同里的北面，在碧波荡漾的九里湖畔的北摄圩，据方志记载当地有庙一座，同里人称为吴日（生）夫人庙，原来是小屋一间，刻石像树壁间，纪念的就是抗清义士吴日生。

随史可法征战清军

崇祯十七年三月（公元 1644 年）崇祯帝在煤山自尽殉国的消息传到明朝陪都南京，南京的大臣们一片慌乱。他们选了一个逃到南方的王族福王朱由崧即位，在南京建立了一个政权，即南明弘光王朝。弘光帝即位以后，兵部尚书史可法主动要求到扬州去统率军队抗清，这时清兵已经逼近扬州。史可法发出紧急檄文，要各镇将领集中到扬州守卫。明王朝突然

"天崩地陷"，清兵压境，吴日生在家乡吴江坐不住了，就星夜启程远赴扬州投奔史可法。此时史可法四处调兵。哨兵报史可法有人前来助阵，史可法非常高兴，立即引见吴日生。吴日生向史可法上呈《中兴末议》，并献策说："扬州城内地高，城外地低，可以决开淮河，将水灌入敌军阵地不怕敌人不退。"史可法觉得这个办法虽然可能制服敌军，但是也会伤害百姓，就说："那样办，敌人未必能全军覆没，淮南一带的百姓可要遭殃了，我怎么忍心呢？"但是史可法很赞赏吴日生的智慧和勇敢，立即授吴日生兵部职方司主事，兵部职方司，是明朝兵部四司之一。掌理各省地图、武职官之叙功、核过、赏罚、抚恤军旅，参与检阅、考验等事。设郎中、员外郎各一人，主事二人。主事掌章奏文移及缮写诸事，协助郎中处理该司各项事务。于是吴日生立即投入到繁重的事务之中，不分白天黑夜，深得史可法的信任。

弘光元年清顺治元年（公元 1644 年）七月，清摄政王多尔衮曾致书史可法劝降，史可法写了著名的《复多尔衮书》，表明了自己的严正立场。尽管如此，围攻扬州的多铎，仍想伪作诱降，妄想利用史可法在南明的威望，兵不血刃收取江南。所以先后派降将李遇春等人，多次致书招降。而史可法不置一眼，当众焚毁来书，扬州军民深受感动，虽势单力薄，却群情激奋，誓死守城，并且常常"簿有斩获"。

形势越来越严峻，清兵已经兵临城下。可是南明各镇将领都拥兵观望，只有总兵刘肇基率领两千人来到扬州救援。史可法见兵力太弱，无法迎击清军，就命令刘肇基将部队开入城内，紧闭城门。史可法身披铠甲，手持宝剑，亲自和刘肇基在城墙上指挥，百姓也都组织起来，青壮年男子登城站岗，老年人和妇女烧水煮饭，扬州城的军民决心与敌人血战一场。

在震天的火炮轰鸣声中，惊恐的情绪传染极快。四月的扬州本是春花烂漫之时，可是战争的残酷让灿烂的花朵染上了血色。清军虽然只围不打，但总让人觉得这孤城在那隆隆炮声中显得多么脆弱，唯一的期望是援兵的到来，然而督师飞马传檄的四镇援兵，却一直没有信息……

虽是中午时分，扬州城却是灰濛濛的。吴日生心急如焚，看到街角蜷曲着三三两两的难民，面色麻木，在等待着扬州督府衙门的接济，偶有炮弹的飞子落入民宅之中，已不稀奇。扬州城内，满目疮痍。走在这死寂的街道中，日光白森森得怕人。吴日生两耳轰鸣，口燥唇焦，舌尖苦涩……

扬州督府衙门正堂，昏黄的灯光下每人脸色都显得枯槁而凝重。镇守各门的主官，北门刘肇基、西门史可法、东门何刚、南门施凤仪和各路将士等列坐两堂，死一般沉寂的正堂只能听到灯油燃烧时偶尔发出的噼啪之声。

当史可法听完各门战况的通报后，他们就这么一直坐着。史可法轻咳了一声，打破了沉寂，正堂上的一盏油灯灯芯闪烁，已快熄灭，一种不祥的预感在每个人心头升起。一阵凉风袭来，灯光猛烈地抖动，众人的心情也跟着摇动起来，大厅重又归于沉寂，沉重的气压让人有些喘不过气来。史可法不得已告知大家：粮草已经快要竭尽，必须要派人去江南筹集，作好长期作战的准备。吴日生听到此话，感觉自己熟悉江南，立即上前主动要求领命。史可法就把这一重任交给了吴日生。第二天凌晨吴日生就带了一小队人马从扬州东门悄悄出城，从水路往江南而去……

隆武元年，清顺治二年（公元 1645 年）四月二十四日，清兵以"红衣大炮"若干，轰击城内，城堞轰塌，史可法即率兵民填修，终因力量悬殊，而退守旧城。二十五日，清兵突然攻城，扬州城破。史可法见大势已去，欲拔刀自刎，被一参将阻止，护行至小东门，史可法见军民遭清兵屠戮，即挺身而出，大呼"我史督师也，万事一人当之，不累满城百姓"。于是被俘。多铎伪作劝降，史可法大义凛然地说道："我堂堂男儿，安肯苟活，城存我存，城亡我亡！我头可断而志不可屈！"遂从容就义，年仅 44 岁。残暴的多铎下令屠城 10 日之久，几十万扬州民众被残杀，造成扬州历史上最大的一次惨案，也是扬州人民最为英勇而光辉的一页。噩耗传来，才到江南的吴日生痛不欲生，并发誓要与清兵血战到底。

太湖举旗反清复明

分湖（亦称汾湖）位于江苏吴江和浙江嘉善交界处，长约六公里，宽约三公里，半属江苏，半属浙江，相传为春秋战国时期吴越两国的界湖。湖泊面积九千七百亩，其流域涉及苏浙沪两省一市。分湖的地理位置在太湖流域南部，周边正好是苏南和浙西的水网地带。那里大大小小的湖荡、水泊星罗棋布，而镶嵌在这块美丽富饶的土地上的分湖，在我国古代作战史上，却有着特殊的地位。自南宋"大迁徙"以来，这里人文荟萃，翰墨飘香，但也有刀光剑影，怅天悲歌。

分湖及沿岸地区不但河港密布，水路交叉，地形复杂，而且茂树成林，芦苇丛生，故曾是用兵打仗之地。沿岸一带，至今还保留了许多与打仗作战有关的古地名。有古代打铁铸剑而留下的"打铁港"；有潜伏部队的"藏兵荡"；还有吴越时期，吴军的水上营盘"子胥滩"。吴江境内的"老军荡"，就是因吴日生面对血腥的"扬州十日"之后挺身而出，在分湖流域竖起义旗，登高一呼，组织起抗清的义军舟师而得名。

受命到江南筹集粮草的吴日生才离开扬州，就得知史可法英勇就义和扬州沦陷，他立即只身返回到家乡，立即与同乡好友孙兆奎商议抗清之事，孙兆奎是吴日生的至交，两人情同手足，他们首先想到的是要联络更多的抗清义士。可是清军已经兵临苏州胥门城下，抗清义士夏允彝说服吴淞副总兵吴志葵带领松江抗清义军在与清军抵抗数日之后，终因寡不敌众，弹尽粮绝而退到泖湖结寨。

南明隆武元年，清顺治二年（公元1645年）农历六月初一以吴日生为总统帅，孙兆奎为副统帅的太湖抗清义军树旗起义，建立了江南第一支义军，于是太湖地区的各路义军纷纷响应，三天内招募三千士兵，驻扎在长白荡，准备先收复吴江。太湖抗清义军声势浩大，他们用白布裹头，表示为明朝服孝，称之为"白头军"。义军将士斗志昂扬，视死如归。分湖北岸的吴江有一户姓沈的大族，家里弟兄很多，老大自征、老二自炳、老三自炯。老大常有先见之明，一日他预料，清兵可能入关，天下将会大乱。心想这里是水乡，用兵打仗非船不可。于是，他就雇佣了几十名船匠，在分湖之畔打造船只，托名用于捕鱼捉虾，而实际上是为起义水军作战备。他们将造好的战船藏匿于芦苇丛中。还未等到战船造好，老大却驾鹤西去了，老

二、老三继承遗志，经过几年努力，一千条战船终于全部落水。果然不出所料。那年清兵打到了距分湖还有一百多里的苏州府。沈姓弟兄听到吴日生举旗抗清，立即将战船送给了抵抗清兵的吴日生的"白头军"。老二自炳、老三自炯也编入了吴日生麾下。

八月初六日，清军用小船截断泖湖出口，乘风纵火，明军水师船只高大，运转不灵，被烈火焚毁。黄蜚、吴志葵都被活捉，九月初四日在南京遇害。侯峒曾、黄耀淳等在松江之役中殉国，夏允彝见兵败无成，于九月十七日在淞塘投水自尽。清军又大肆屠杀嘉定百姓，史称"嘉定三屠"。参加松江之役突围战的义士有几社领袖陈子龙和夏允彝的儿子夏完淳，他们都前来投奔吴日生。特别是年仅十五岁的夏完淳抗清决心十分坚决，因为父亲夏允彝的以死抗争的行动激励了儿子。夏完淳刻不容缓地与老师陈子龙一起携家中所有金银奔赴太湖抗清义军。吴日生听到陈子龙和夏完淳讲述"苏州之役"和"松江之役"的惨烈场面十分悲痛，热泪盈眶，然后也表明了自己抗清的决心："好！让我们同舟共济，生死与共的战一场，流血牺牲在所不惜。"

陈子龙和夏完淳都是足智多谋之士，吴日生由于他们的到来，心中十分欣慰，微微点头表示赞许。

当日，吴日生任命陈子龙、夏完淳为智圣军师。共同商议攻打吴江县城的计划。吴日生的侄子吴鉴被明降清县丞朱庭佐捕杀。吴日生就带四名义军，夜闯县衙擒获叛国奸臣朱庭佐，第二天晨，由吴鉴之父将朱庭佐斩首示众。事后屯军长白荡。

同时，清军也开始调集大军前来围剿，吴日生就和陈子龙、夏完淳连夜商讨对付清军的作战计划。夏完淳对着作战地形图沉思了半晌，微笑点头，若有所悟，吴日生便问道：

"世兄的见地如何？"

夏完淳回答："清军若来攻打我们，必然要经过五龙桥，五龙桥下水深难测，不通水性者必定淹死。不如在水下布下埋伏，杀他个措手不及。"

吴日生觉得言之有理，但是又有所顾虑："清兵号称五千人马，必然兵分几路，不可能全部兵马都走五龙桥。"

夏完淳说道："水上我们还要出动千余艘渔船，再行拦截，一定会把清军打他个落花流水！"

八月中旬，清吴淞江提督吴胜兆带领五千清军征讨吴日生，果然清军兵分两路，一路直奔五龙桥而来，只见清军才走上五龙桥就是一声巨响，桥梁断了。清军纷纷落水，因为他们不谙水性，大都在水中挣扎了片刻就淹死了。原来清军上桥后，夏完淳已经在事先布置了小队义军埋伏桥下，待清军到来，用利斧砍断桥梁，然后迅速撤离。

清军另一路人马在进军的途中，夏完淳让战船装作渔船，每隔一里就有伏兵埋伏在湖滨，一共三十里。清兵路过，吴日生指挥千余只渔船，半路截击，清军毫无防范，便遭遇伏击，义军用长戈作战，清兵应手就倒。因为那里的地形是左汉右湖，中间高地，敌人只带短刀，不能近距离作战，而义军埋伏在河边的平基之后，再用火器夹击，真是把清军打得个落花流水。

八百里太湖，缥缈无垠地横亘在吴中的太空下，岸边再无一人，只有一波接一波的浪头汹涌拍打，平日里苍翠的卢苇叶，在阴暗的天空下看起来也阴森森地，像一个个招魂幡似的在冷风里摇曳。吴日生因一时小胜有轻敌之意，而且他的队伍战斗力还不够强。南明隆武二年，清顺治三年（公元 1646 年）八月，清廷不甘失败，不久又纠集大批人马再派降将李成栋和松江提督吴胜兆层层围剿。清军冒大雨向太湖抗清义军进攻。因没有设防，太湖抗清义军全军覆没，吴日生的父亲、妻子都在九里湖投水而死。白头军惨败，孙兆奎与沈氏兄弟等一起殉难。吴日生寡不敌众，泅水潜逃。夏完淳也因军败一时与吴日生等人走散。陈子龙因事前已经看出吴日生手下轻敌难成大事，便以筹饷为名暂时离开了"白头军"。

梅墩水战大败清军

绍武（朱聿𨮁）元年，清顺治三年（公元 1646 年）三月，吴日生与夏完淳重整旗鼓，在分湖边又打出义军旗号。这年元宵节，他们第二次攻入县城，杀清知县孔允祖。夺取了库藏。等到镇守将领吴胜兆带兵过来，义军已经退入太湖，人也走光了，吴胜兆气急败坏，在吴江大掠两天才回去。

这天已是傍晚落日时分，湖面浮金跃彩，水鸟并起，远处飘来不知名的苏吴小调，真是一番田园美景。小船荡漾于这万顷碧水之上，然而不平静的是船中诸人的心情。太湖号称"三万六千顷，周围八百里"，其流域一直是鱼米富足之地，湖中只居有百十来户渔民。湖中有大小四十八岛、七十二峰，战时能伏数万雄兵。如若为一时战略之需，的确是个很好的藏兵所在，但吴日生深知，清军不会善罢甘休，只要派出十数万兵丁即可以对太湖群英瓮中捉鳖。在军营中人们只服从强者，而今天，吴日生的威信不再是平日的传闻，这是摆在面前的事实。

"传令集合！"吴日生吩咐道，随即走上了前面的高台。

三百多疲惫不堪的兵士集队站好，他们对今日训练在心中已经腹诽多时了。开饭时日，却又要集合训话，更觉不快。看着坡下的这群义军，吴日生仿佛看到当年的自己，他相信假以时日这一定又是一支精锐之师！面对即将到来的大战，他没有等待的耐心，他必须以最快的时间打造好自己这支为数不多的部队。

被一天毒辣的阳光炙烤过的校军场上的每一个人，有些无精打采。而吴日生的身体标杆似的钉在台上，坚定的目光正视着前方，多日的杀伐征战已让他煞气逼人。

吴日生一言不发，面对下面三三两两聚集的人，猛然大喝一声："我白头军勇士安在？"

无人应声。

又大喝："我白头军勇士安在？"

台下忽有人应道："在！"

吴日生一看应者是水军前锋周瑞，周瑞是个虬须大汉，当地人，从小出没于芦苇丛生的湖荡、港汊之间，不但识水性、知潮汛，而且对于沿岸的地形、地貌相当熟悉。

吴日生对他很满意，高兴地说："好！我们练好本领才能打败清军！"

台下将士终于齐声高呼："练好本领，打败清军！"

入夜，太湖水面淡淡星辉闪动，远处是几点跳跃的渔火，何等静谧安详。第二日，太湖水军中的营寨，众将云集，吴日生居中而坐，众人分列两旁，每个人脸上都是压抑不住的兴奋——大战在即了。大厅中央，是夏完淳照着江南地理图，和几个将士一起做出来的大型作战沙盘，河岳山川城池尽收眼底。

众人望着这一幅立体地理图心中惊异，情不自禁地发出啧啧赞叹！可以想象，一个战斗指挥者凭借这幅图完全可以最明确地掌握战场形势并作出种种假定。

凌晨，天色还没有放亮，在太湖湖面放哨的哨兵发现前面约半里之处旌旗招展，连忙吹响号角——清军果然来了。只见一大队骑军列成方阵急速奔来，那种气势甚是惊人，一种肃杀之气立即漫延开来，这是久经战阵之军才能显现出的彪悍之气。"满人""是满人""真是满人"，义军之间在小声传递着这个信息，埋伏在沿路的太湖义军将三支火把抛将出来，顿时杀声大作。气急败坏的汪茂功水军带着浩荡之师还在快速推进，此处是九里湖一带，离吴江县不过十多里的路程。汪茂功加速奔往吴江说要血屠吴江城，太湖义军主力正从后面跟了上来。汪茂功立时明白，当前情形很不利于自己的水师，再往前去可能会陷于腹背受敌的窘境，当今之计是掉头反击太湖水军，如能取胜再来攻打吴江不迟。

当下汪茂功传令下去，掉头迎敌，就在汪茂功传令掉头迎击时，吴日生水军也发现了清兵水师的踪迹，帅船上的气氛立刻紧张起来，吴日生要利用清军水性差，义军水性好的特点，引诱敌人进入湖面交战，吴日生当即命周瑞统领这些士兵佯装后退，实质与另一部分义军会合。

于是，在两支水师船队还没展开作战的时候在分湖水域的下浜一带两支部队不期而遇了。吴日生军事上颇有见地，对行军布阵自是详熟的。两支水军前锋在芦墟一带终于碰面了。都是有备而战，战斗自然更为激烈。此时水面上喊声震天，羽箭如蝗，火炮、火铳鸣放声不绝于耳。

水军前锋周瑞水性很好，一声招呼已带了几十个水鬼，一个猛子扎入水中，游向前面的两艘大船，口含利刃，手持凿锤等物。义军用于冲锋的都是"枪船"，船形狭小，尤其利于在这样的水域中作战。那清军原是投降过去的明朝水师，都是些高船巨舰，火力尤猛，但不能全面展开。因此，却也算是棋逢对手了。这些义军均是太湖中的弄潮好手，一口气便已潜至数十丈外的清军水师船下，在侧舷丁当丁当地凿了起来，那船上清军连忙持枪箭来射，然终无济于事，人家只需往水里一避，铅弹、羽箭便失了准头，再加上周围的小船穿梭般地进击，更是自顾不暇了。这大船虽有隔舱防水，也经不住这四面穿凿。不一会功夫，眼睁睁一艘大船沉了下去，那边几十艘"枪船"划将过来，只顾斩杀水面的人头了。那边一船清兵，终于用钩镰枪吊住一艘小船，狂喜地拉将过来，那船上数十人却以已尽数跳入水中潜入水底。清军忽见那船上青烟直冒，原来吊来的小船，原是一船火药在引燃了，这才知义军使诈，众清兵惊呼要炸船了，未及逃脱，"轰隆"巨响，一大一小两艘船只均已被炸得四分五裂。

芦墟水域，清军的艘艘大舰，如一只只老长虫被众多小蚂蚁噬咬着，只能痛得翻来覆去，却又尾大不掉。汪茂功见是如此战况，更担心腹背受敌，便决意率众突围，杀出一个缺口，冲将出去。然而，吴日生哪能放过这大好机会，又紧随其后粘了上去，双方在梅墩水域进行了一场恶战。汪茂功部清军再度败退，扔下了满湖战船和尸体，继续向庞山湖方向逃遁。吴日生一路追击，达四十余里水路才鸣金收兵。

此役毙敌千余，获战船六十余艘，战役结束后。响彻云霄的是太湖水师庆祝胜利的欢呼声，第一次大规模作战取得如此大的战果，众人的信心高涨，顿觉来日扫平江南清军水师不在话下了。

此次战役据清朝的战报上说"八百人全军覆没"。而叶绍袁在《湖隐外史》中称"（吴部）杀获二千人，斩其巨魁，遁去者二三十人而已。水流尽赤，草腥不绿。兵威褫其三蘖，雄名振于七郡"。这次"反扫荡"，重创了南进的清军，而且极大地鼓舞了江南抗清义士的斗志，在南明史上被称为"梅墩之捷"。此役战况，《南明史纲·史料》是这样记载的："二十四日，北帅土国宝遣其将汪茂功来攻，易（吴易）檄周瑞御之。瑞善鸟铳，二十六日，与北兵战于分湖之梅墩，败之。追北去庞山湖四十里。斩伪将二十三员，歼敌三千余级，获船五百余艘，衣甲器械无算。"夏完淳立即以"蜡丸帛书"将捷报，传至浙东的抗清鲁监国处。鲁监国大喜，便封吴日生为长兴伯，授璋为运粮监督，孙钜、倪抚为职方，陈槐为将军。另外，吴日生麾下的周瑞等四大将军也都有封拜。一时间，义军制旗铸印，设官部署，登台誓师，开幕府于苏浙交界的诸大泽中，还请陈子龙来监督。舟师分驻的防线从分湖（陶庄、芦墟）、祥符荡（西塘东郊）、长白荡（丁栅），一直到淀山湖（上海青浦）为止，在分湖流域沿岸摆开了抗击清兵的战场。

叶绍袁对当时义师的盛况作过这样的描述："于是设坛建旗，祭纛莅盟。器仗鲜明，部伍整肃。画隼募兵，人进射声之号；水龙分翼，家列习流之阵。"真所谓"不图今日，复见汉宫威仪"了。

嘉善误中诈降之计

六月骄阳似火，太湖热气蒸腾，而比这日头还要火热的便是吴日生太湖义军的大小头领的心情了。周瑞、张三等兄弟都是草莽出身，心中自是藏不住话的。

"憋死老子了！在水中闷了这许多日子，赶紧和清军大干一场吧！"一边说着一边用细木签剔着黄板牙，张三水匪出身，说话行事向来如此。

周瑞也道："若清兵再来，即使这样的万人水军也不够在这水荡中转悠的。可以顺水路直杀到苏州城下！"

梅墩水战，胜利的喜悦冲昏了部分将士的头脑，周瑞等的得意之情溢于言表。夏完淳听了总感觉特别不是滋味。吴日生听后却很赞赏。举手示意打断众人谈话，道："我对江南形势都已知晓，今日便与各位商议前往苏州的作战事宜。"于是七嘴八舌一轮攻打苏州之事。

夜更深了，月亮也从阴暗的云气中钻了出来，军帐外有一个翩翩少年未曾入睡，在对月遥思。再次投奔太湖义军获得梅墩大捷以来的夏完淳，一直难以安眠，他总有一种不祥之感，让这个十六七岁少年稚嫩的双肩上，重负太多，甚至有些早衰的样子。白天那些将士得意的话音一直在他耳边回响，他难以入眠，奋笔给吴日生写下书信，便悄悄离开了。

第二天，吴日生看到了夏完淳留给自己的信，信中分析了太湖义军的情况：当前江南抗清整体局势喜人。自吴江起义到陈湖、泖湖的水乡泽国已连成一片，均在各路义军手中，如果嘉善起事成功便能和松江连成一体，那么自太湖到入海口的这一条战线便能形成，其战略意义是不言自明的。

隆武二年，清顺治三年（公元 1646 年）夏，清军暂时没来太湖进犯，多日来外边的形势吴日生并不明了，外面的眼线也不见来湖，派出的探子有去无回，终于张三从外面回来了，吴日生急忙问道："湖外是怎么个形势？清军是否在准备围剿我们？"张三显得心事很重，坐在椅上叹口气道："大哥，现在湖外的形势对我们很不妙啊！沿湖三十里内的村庄现在是一片废墟，清兵沿湖布防，显然要困死我们！"吴日生宽慰他道："想困死我们只怕也没那么容易，实在不行我们就打出去，进长江，去舟山，将来有机可乘再打回来！"张三摇了摇头道："只怕是行不通啦！沿太湖的水旱路现在还不都封扎住了?!"其实吴日生心下也明白，清廷今次用兵，大非寻常，只怕真是算无遗策！他就想到夏完淳说的若嘉善起事能成功的话，就不愁不能打败清军了。于是他派张三再去嘉善打探消息。

吴日生在焦灼之中等了两天，第三天夜半时分张三才返回。看着张三的表情有些颓丧，吴日生料到事情必不顺利，不待张三开口，笑道："此事本就不易游说，何必这么一副丧气的样子呢，天无绝人之路，咱再想别的破敌之法。"张三坐下，喝了口茶道："大哥，这次去嘉善，在我把兄弟安排下后，我我就和嘉善县令刘肃之推心置腹的谈了一个昼夜，还好同意起兵，愿意和咱们里应外合大破吴胜兆！"吴日生大喜道："好兄弟，这真是天佑我白头军不绝！"张三忽的脸上有了羞愧之色，嗫嚅道："是真的。只是、只是他说事关重大，得和你亲自面谈。"吴日生"哦"了一声。因为当时江南半壁江山，南明势力有两个中心，一个是八闽的隆武帝，一个是舟山的鲁监国，而吴日生联系的恰是鲁监国。

第二天吴日生就上路了，到了嘉善，拜访至交，然后等到傍晚时分，吴日生带着几名卫士和张三一道去见嘉善县令刘肃之。正是上弦月的时刻，此时天色暗沉沉的。张三和吴日生带着众人很快地摸到城西南脚。四处静悄悄的，连值夜的梆子声也不曾响起一下。来到一处宅院前四处看了一下，轻轻的触动那门上的兽环，四下一个节奏，连敲两次，那门毫无声息的开了，一个院丁出来轻声道："我家老爷料定你今夜会来，正和府尹大人在堂屋等候您呢！"张三点了下头也不出声，带着几人直奔后院堂屋。

堂屋内隔着窗纸透出淡黄的光亮，张三道："大哥，您稍候，我去给您通禀。"吴日生点点头，张三径直推门走了进去。时候不大，就听一声梆子响，墙头房上刷的亮出无数灯笼火把，满院子被照得如同白昼一样。"吴日生，还不束手就擒！"正是嘉善县令刘肃之。清军一拥而上，吴日生一惊之后，早已镇定下来，笑道："不想今天栽到圈套之中，卑鄙！让我投降不难，只等吴胜兆来说这个话！"堂屋大门四开，吴胜兆在一群清兵的簇拥下走出，吴胜兆轻狂大笑道："吴日生，本提镇在此！念你也是一条好汉，不合也姓个吴字，投过来吧！本提镇保你个参将没什么问题！怎么样?"吴日生笑道:"承蒙关照,可是我吴日生宁做大明鬼,绝不做鞑子的狗奴才!"

原来吴日生一直听到风传满清任命的嘉善知县刘肃之想"反正",便派人与他联络,谁料这个刘知县是个王八吃秤砣铁了心的汉奸,他之所以散布自己想"反正",无非是想诱执吴日生,见吴日生自己送上门,刘肃之立刻派人禀告吴胜兆,然后邀请吴日生来商议"反正"之事,吴日生不疑有诈,只带随从数人来会。"鸿门宴"入易出难,刘肃之早就通知大批清兵埋伏,待吴日生一入门,便立即逮捕了这位"白头军"领袖,向吴胜兆和清军报功。吴日生很快被清军押解送往杭州处死。他从容就义,临刑前说:"今日微臣的责任,算完毕了!"浩然正气,充溢天地。吴日生为人虽属轻率无远略之人,但大节不亏,慷慨就义,并作《绝命辞》:

> 落魄少年场,说霸论王。金鞭玉辔拂垂杨。剑客屠沽连骑去,唤取红妆。歌笑酒炉旁,筑击高阳,弯弓醉里射天狼。瞥眼神州何处在,半枕黄粱。成败判英雄,史笔朦胧。兴吴霸越事匆匆。画墨凌烟能几个,人虎人龙。双鬟酒杯中,身世萍蓬。半窗斜月透西风。梦里邯郸还说梦,蓦地晨钟。

夏完淳闻讯,立即素服前往,在吴江为吴日生建衣冠冢,与文人同道哭吊,赋《吴江野哭》、《鱼服》二诗,祭奠吴日生,表达了复仇雪恨的决心。

往事历历在目，叶绍袁心事重重，这几年他与吴日生抗清义军同悲喜。吴日生的得力助手沈自炳、沈自炯兄弟是叶绍袁的两个妻弟。由于这些关系，叶绍袁身在营外，却和白头军心心相印。白头军抗清捷报频频传入绍袁耳际。他盼望义师军威日壮。吴日生雄心勃勃，策划着联络各路义师欲大举进攻南京。但是，太湖抗清义军面临缺少衣甲、武器和军粮不足的困境，令人忧心如焚。阴历八月，义军惨败，孙兆奎与沈氏兄弟等一起殉难。于是叶绍袁迫于时危携儿出家为僧，隐居吴县邓尉山中。

叶绍袁先后痛失亲人，又面临亡国之痛，现在吴日生殉难，义军惨败的悲痛又深深笼罩着他，他一下子显得苍老了许多。夜不能寐，他披衣奋笔，为吴日生写下悼诗《哭吴日生》，一直流传至今：

南阳奇士著渔阳，大厦将倾陨栋梁。八阵未能歼舍鼠，三军曾亦殪天狼。江山坠冷千秋月，冠剑飞残九日霜。忠武祠前今日泪，断桥回首忆孙郎。

血雨腥风的岁月，吴日生太湖抗清义军英勇奋战，为我们留下了宝贵的精神财富，从叶绍袁的诗中我们可以感受吴日生光耀千秋的英雄气节。

（撰稿人　施伟萍）

参考书目：

［1］明·计六奇著，《明季南略》，中华书局1984年版。

［2］计东升主编，《同里镇志》，广陵书社2007年版。

［3］顾城著，《南明史》，光明日报出版社2011年版。

附录：

《明季南略》

吴易字日生，号朔清；吴江人，崇祯丁丑进士。祖邦祯，嘉靖癸丑进士；官太仆。弘光立，见史可法于扬州；奇其才，题授职方主事，留之监军。乙酉，奉檄征饷未还而扬州失。六月，大兵徇吴江，县丞朱国佐以城降。诸生吴鉴欲起兵诛之，徒手入县庭，骂国佐；国佐执送苏州，杀于胥门学士街。易闻而哀之，率众擒国佐授鉴父汝延，令杀以祭鉴。遂起兵，仅得三十人；七日，众至三百并三十艘，居长白荡，出没五湖、三泖间。会松江盗首沈潘有徒千四百人，劫掠不常。诸绅患之，移书于易；易起兵往战，以计擒之。沈潘降，并其众，获艘七十。

居无何，易拜众曰："镇江谍报：清兵二千某时过此，愿邀之"！遂伪作农船，每里伏兵于湖滨，凡三十里。大清兵夜至，不疑；过半伏发，以长戈击之，应手而堕。其地左河、右湖，中岸颇高。大清兵止短刀，无舟不得近；大发矢，众以平基蔽之河侧；复以火器夹击，遂败。

丙戌元夕，入吴江；杀令及新科举人，库藏一空。镇将吴胜兆兵至，易已入湖，民尽走；大掠二日而还。

四月，胜兆复率众七千入吴江肆掠，舟重难行；胜兆令军中曰："敢挈妇人者斩"！有一舟百五十人，悉沉诸湖。甫行，见岸上白衣四人，擒之使挽舟；问曰："见罗头贼否"？曰："见之"。问几何？曰："三十号"。清兵恃众不戒，呼曰："蛮子速进"！俄，四人拔刀将舟中兵杀尽之。后兵见而疾追，遥望湖中泊舟，兵至即散，复返之；忽炮发，飞舸四集，矢炮突至，烟火迷天，咫尺莫辨。胜兆势急，弃舟走，兵亦委辎重而溃，凡斩将数人。胜兆大沮；谓"渡江以来，未有此败"！及还苏，惭忿不言；恨吴江民不救，屠之。已而率三千人复至吴江，经长桥，易用草人装兵，清兵射之；易度箭尽，乃战，大败之。抚臣土国宝忿易久为湖患，密遣苏人伪降易，推城以待。忽反兵相向，易急换舟；"舟皆连系，乃入小舟；舟重，三十人尽覆。易泅水半里，其侄见水面红快鞋，谓易已死；以追兵急，不得遽挈，即系舟后。复行半里，始举视之，尚未死；倒倾血水，酌酒数大觥。乃曰："今追者已退，吾兵尚有几何"？左右曰："百人耳"。易曰："速返追击！此去必大胜"。果败之，夺其辎重而还。"

　　易有腹心某，居嘉善；六月，亲访之。其家仇人密白县令，令遣入猝取之，解于杭州杀焉。

志士的心灵　诗人的心灵

——十七年华夏完淳

前　奏

苏州胥门的夜晚应该是月光如水，垂柳拂岸，无限诗意。可是在南明隆武元年，清顺治二年（公元 1645 年）苏州沦陷，胥门城下，却正在展开一场恶战。这是一支松江抗清义军和一股如狼似虎的清军在作殊死的血战。一方是为了保卫祖国，驱逐鞑虏，甘以我血荐轩辕；另一方是为了扩张本国疆土，[①] 入侵中原，甚至烧杀掳掠，嗜血成性。两军交战，冷兵器碰撞，喊杀声冲天。直杀得血染大地，尸横遍野，鸱鸟凄啼，星月无光。抗清义军因没有后援，三百余人壮烈牺牲。

关于这场战争还得从松江名士、福建长乐县知县夏允彝谈起，当时他避居在松江周边的曹溪，以自己的几社身份联系了

---

① 清（后女真，爱新觉罗氏）建国于 1616 年，初称后金，1636 年改国号为清，1644 年入侵关中。

几社同志陈子龙、徐孚远等组织抗清义军，准备从攻取苏州切入。那是一个夜晚，就在夏家的书房中讨论进军计划。

"从苏州切入果真不错，但苏州以下路线也必须考虑确切，"徐孚远慎重地说。

"以吴淞副总兵吴志葵的水军为基础，担负登陆作战，然后联络吴江、陈湖各地的义军共同夺取苏州，以切断清军金陵与杭州的联络线。再由嘉兴、嘉善各路义军直指杭州，解决浙江西部的清军……再逼金陵，摧毁清军大本营。"年仅14的夏完淳侃侃而谈。说着，他还站起身来，向在座的长辈们鞠了一躬说："请老师长辈指正！"

那是夏允彝和夏完淳在事前共同讨论的初步计划。

"不错，这条路线还是可用的，可是稍嫌单一，恐怕在实战中还会碰到一些意想不到的问题，不过也没关系，反正可在作战中随时修正。"陈子龙接着说。

"小儿无知，还请各位指正，因为这是天下大事。不是孩子游戏。""可用，边用边修改。"陈子龙再次肯定了这个计划。

吴淞水军副总兵吴志葵本是夏允彝的门生，夏允彝认为学生必然听从老师的召唤，所以就毫不犹豫地请他来到松江，劝说他以水军为基础，登陆作战，夺取苏州……谁知事与愿违，吴志葵胆怯如鼠，到了战场，还迟迟不敢带兵上阵。只有常熟福山副总兵鲁之屿率领三百勇士以及太湖吴日生的义军和清军交战于胥门城外。才形成了激战、鏖战、壮烈牺牲的残酷场面。

当时，夏允彝在无限痛苦和无奈的心情下，要求吴志葵率兵上阵援助，可是吴志葵不但不听从老师的命令，反而还想率兵登上战舰逃跑。呼天不灵，喊地不应，夏允彝满含痛泪，和他同来的独子夏完淳一起跪在地上，拱起双手，向吴志葵部下跪拜个遍，夏允彝用沙哑而颤抖的嗓门说：

"各位水军兄弟，咱们都是轩辕的子孙，你们看，自从清兵入关，铁蹄践踏着大明的锦绣河山，在他们的屠刀下，何止千百万的冤魂在那里呼号哀哭；你们看，在这块本是秀丽而肥沃的苏州大地上，这三百余个烈士遗体，正是我大明朝的国殇呀！各位水军兄弟，我们就是为民族大义而战的，今天正是我们保卫大明天下，为牺牲的烈士们报仇的一天。人谁无情，报国之情最为崇高，先帝崇祯一死报社稷，难道我们就不能拼死杀敌为国家吗？"此时此刻，夏允彝已泣不成声。

突然一声高呼，"我们听夏大人的！"紧接着又有人振臂宣誓："我们坚决不后撤，谁撤，谁就是丧尽天良！"水军们个个怒目昂首，刀出鞘，箭上弦。于是吴志葵水军在夏允彝民族大义的鼓动下，和清军又互相坚持了几天，但终因阴雨连绵，寡不敌众，粮尽援绝，水军退到泖湖结寨。正当水军撤离时，水军副总兵吴志葵双手抱拳，单腿跪在夏允彝的面前：

"老师，这次战役的惨败，完全是学生的过错，请老师惩处。"

"志葵快起来说话，胜败是兵家常事，只要有舍生取义的精神，总有取得胜利的一天，即使失败，也是虽败犹胜，可以激励后人。那就说说今后吧！"

"今后，学生一定厉兵秣马，与清军决一死战，不获胜利，就为国捐躯，在所不惜。"吴志葵似乎一扫前几天的阴郁，一脸正气。也许是三百个国殇促使他反思，促使他坚强。

"好，就这样，咱们共勉之！"夏允彝双手握住了吴志葵的双手，紧紧地摇了两下。

父子情怀共死生

夏允彝自"苏州之役"失败后，就隐逸在松江周边的曹溪家中。

经常和几社领袖陈子龙、徐孚远等在家里相互交流形势情况，有一天正是寒冬过后的早春天气，还有些春寒料峭的感觉。夏家的花厅，并不太大，但是粉墙上的那些屏条书画，都是名家手笔，显示出一派书香之家的风范。庭院里的一棵山茶，尚在含苞待放时期，由于气候难于捉摸，是零落，还是怒放，很难肯定。在座的人们也都有所感触，因为在国破家亡的关头，抗清复国是成功，还是失败，更难预料。

"嘉定、上海的形势如此严峻，侯峒曾、吴志葵的处境又是如何？"夏允彝满怀焦虑，似乎自言自语地说着。

"形势既然如此严峻，我只能百折不回，死而后已。"徐孚远另起一笔，表明了自己的态度。

"我只能安于自己的无用，但是三军可以夺帅也，匹夫不可夺志。"夏允彝表明了自己坚守情操，决不投敌的态度。

"我没有孚远的才，但意志高于允彝，所以我要不计成败利钝为光复国土而战斗，甚至牺牲。"陈子龙慷慨地说。

"老师、叔叔和父亲的意愿都是我的榜样，我愿追随于后，决不犹豫。"夏完淳站起来非常有礼貌地表示。

为了让后人了解他们这一辈人在那个时代的遭遇、意志、情操、精神，夏允彝就在曹溪家中埋头写作。他所写的一切都是他所遭遇到的烽火战乱、死亡牺牲、国破家亡。他一写三叹，热泪行行，书稿完成，命名为《幸存录》。

在这一段时日里，由陈子龙、徐孚远等所领导的，夏完淳所追随的"松江之役"又告失败，清军占领了松江，陈子龙等出亡另辟战场。

又是一个阴霾的早晨，夏允彝独立在书房的小窗前，想起了攻取苏州一役，和保卫松江之战的惨败，又凝望着窗外挺立在寒风中的虬藤老树，可说是抑郁满怀，无从排遣，"泽国微茫，海滨寥廓，万堞孤城逼天角……苎城花，秦山月，都萧索"（夏允彝词《千秋岁·丽谯》）真是几声低吟，几声哀叹！

"爹！"边推门，边呼爹，走进来的是一个文雅俊秀的少年夏完淳，他是夏允彝最为疼爱的独子。夏允彝对夏完淳不但着重在德育、智育方面的启发和培育，而且还经常带在身边一起去访亲问友，游览山川，扩大视野。夏允彝到福建任长乐县知县时也带着他的儿子同行，让他历练世事，增长实际知识。甚至还带儿子到抗清的战场上去锻炼，同时还为他选择良师，如张溥、陈子龙等都以他们丰富的知识和高尚的人格来充实、熏陶夏完淳。在夏允彝悉心的培植下，再加上夏完淳自幼聪慧，比一般儿童要出众得多。五岁时，就能讲述《论语》；六岁时，已能接待父亲的朋辈，并且应对如流；九岁时，就完成了自己的著作《代乳集》。12岁拜几社领袖陈子龙为师，同年又模仿父辈们结社的形式，和杜登春等小友组织"西南得朋会"，既学习经史子集，又从事抗清活动。可说是南明史上的一支少年先锋队。十四岁随父参加攻取苏州之役。又随陈子龙等参与了保卫松江之战。这时，恰好来看他父亲，听到了声声哀叹，就轻轻地走到夏允彝的身边劝慰着：

"爹！不必哀愁，您和陈老师（子龙）、徐叔叔（孚远）等不是都在筹划联络各地义军的抗清事宜吗？你们说即使明知失败，也要不可为而为之，这正是民族大义；即使牺牲，更是'粉骨碎身全不怕，要留清白在人间'。"

"我们确是这样想，也是要坚决这样做的。可是，可是我们是尽了民族大义了，但大明天下灭亡了，老百姓陷入了水深火热之中，唉……"

"事实就是这样，只要我们尽到了民族大义，也可说于心无愧了。所以过几天我还是要到太湖前沿去找陈老师的，爹，你说呢？"

夏完淳以朗星般的双眼凝视着他的父亲，希望能得到一个完善的答复。

"好呀，这才是夏家的孩子。"这时夏允彝的脸上，宛如在一片阴翳的天空中显露出淡淡的一丝阳光。接着又拍着夏完淳的肩膀说：

"不过我还有三件事你要听我的，一、在你离家前，必须和钱家小姐完婚，钱秦篆也是一个好孩子。此去前途难料，这样也可留个后；二、我的《幸存录》已经完成，但意犹未尽，清廷对我的逼迫也一天紧似一天，看来我也没有多少时日了。《续幸存录》只能由你来完成了。三、我死之后，你可将家产一部分赠与抗清义军作为军饷。"

"爹，你所想的，正是我所思的，我都能完成。"夏完淳苦笑了一下。人说少年不知愁滋味，可摆在他眼前的一切，似乎都是一种义不容辞的天职、使命，所以必然会感知到一缕"愁"的意味。然而这个"愁"的内涵，还是与众不同，因为特别添加了一份悲壮。

清廷为了要知识分子为他们效劳，所以一步不让地笼络和纠缠，夏允彝也不能例外，清廷有个统帅甚至说："夏君来归，我大用之；即不愿，第一见我。"夏允彝深知他们的用意，就写了一页表白贴在大门上："有贞妇者，或欲嫁之，妇不可，则语之曰'尔即勿从，姑出其面。'妇将搴帷以出乎？抑以死自蔽乎？"夏允彝将自己比喻为一位死去丈夫的贞妇，有人要她再嫁，她不同意，那么这位贞妇是掀帘而出去见一面，还是一死拒绝？在夏允彝来说，当然"不见一面"以死拒绝，但夏允彝明知这也不是长久之计。

正当国难最危急的时候，他眼看许多朋辈，为了大义宁作新鬼，"嘉定三屠"侯峒曾、黄耀淳慷慨殉难，"扬州十日"史可法从容就义。还有吴志葵水军全部殉身在黄浦江中。

"唉！志葵总算实现了他的诺言，无愧地走了，"同时夏允彝感知到自己"守正不屈"的时日也正到了尽头，于是就以诗赋出了他的心声：

> 少受父训，长荷国恩。以身殉国，无愧忠贞。南都继没，犹望中兴。中兴望杳，安忍长存？卓哉吾友：虞求、广成、勿斋、绳如、恳人、蕴生，愿言从之，握手九京。人谁无死，不泯者心。修身俟命，敬励后人。

诗言志，在清廷的压力下"守正"怎能久长，但求精神不死，追随殉难朋辈握手话旧，遨游九天，俯瞰义旗飘扬，复兴中华定然有日。

隆武元年，顺治二年（公元1645年）留下自己的心声，夏允彝投水而死。

夏允彝殉国后的第三天，南明隆武帝（唐王朱聿锷）派使者黄道周前来召封夏允彝为翰林侍读兼给事中。谁知斯人已逝，黄道周无限痛心，将召书放在棺椁上，放声恸哭，叩头而去。夏允彝的死震撼了无数的义军志士，他们纷纷写诗撰文悼念，同时更坚定了他们的抗清杀敌的信心，为国捐躯的决心。

出逃在外，另辟战场的陈子龙认为夏允彝的死是既有难度，又是一种道德的实践。因为他不是出之于特殊环境中的一时冲动，也不是由于无所逃遁的无耐，而是出之于长期垒成的个人自觉的选择。这样的自觉选择应该是最为难能可贵的。①

夏完淳亲历了父亲的死，从民族大义来说，可说是死得其所。他抑制了丧父的极度痛苦，拜别了两位母亲（嫡母和生母），留下了两首小词给他的爱妻钱秦篆：《卜算子·断肠》、《寻芳草·别恨》。

月明星稀正是离别之夜的时刻，夏完淳和钱秦篆同依小轩阑干，默数着天上的星星：

"谁料同心结不成，翻就相思结。"夏完淳仰天低吟，若有所思。

"立尽黄昏泪几行，一片鸦啼月。"钱秦篆接着吟咏夏完

---

① 见陈子龙《报夏瑗公书》。

淳给他的小词，无限深情。

夏完淳沉默了一下："几阵杜鹃啼，却在那，杏花深处。恨柳丝系得离愁住，系不得离人住。"①

离愁点点还能为柳絮所系，离人跨马杀敌的雄心，又怎能为飞絮所缚？这不是离恨，而是壮别，儿女情长交织着英雄壮怀。

十七年华荐轩辕

人生十七年华是短暂的，但夏完淳的十七年华却是辉煌而永恒的。

他自父亲夏允彝以死殉国后，伤痛之余，他挺立起来，拭干眼泪，就去追随他的老师陈子龙。那时的陈子龙正隐居在太湖边上的水月庵中，实际是在为隐蔽太湖深处的一支英勇义军出谋策划，联络各地，共襄义举。当陈子龙看到夏完淳的到来，高兴之下，伸出双手，把夏完淳拉到怀里：

"完淳，你毕竟来了，我就有了助手啦！尊大人可好？"

"老师，你不知道吗？爹投水殉国了。"夏完淳情不自禁地偎在陈子龙的怀里，正是一个大孩子在他老师的怀里获得了信赖与慰藉，竟放声大哭起来。

_____

① 夏完淳临别赠钱秦篆小词：《卜算子·断肠》"秋色到空闺，夜扫梧桐叶，谁料同心结不成，翻就相思结。十二玉阑干，风动灯明灭，立尽黄昏泪几行，一片鸦啼月。"《寻芳草·别恨》"几阵杜鹃啼，却在那，杏花深处。小禽儿，唤得人归去，唤不得愁归去。离别又春深，最恨也，多情飞絮。恨柳丝，系得离愁住，系不得离人住。"

"孩子，别伤心，国亡家破，尊大人的结局是死得其所的结局，你我都是一样，不过先后而已。"陈子龙用手轻轻地拍着夏完淳的背，就像一个父亲在安慰自己的儿子一样。渐渐地夏完淳的哭声停止了，他静静地靠在陈子龙的怀里。在谛听着他老师介绍太湖义军的情况：

　　"在太湖流域南部的分湖，正是苏南和浙西的水网地带。也可说分湖是吴根月角的分水线，那里大大小小的湖荡水泊，真是星罗棋布，作为水军的驻地，最为适宜。那支义军的领袖吴易，号日生，崇祯十六年进士，是一位义军中的文人首领。"

　　夏完淳听着，听着，兴奋地从陈子龙怀里抽身出来说：

　　"老师，那我们明天就去见吴易，我愿和老师一起从事抗清复国的活动。"

　　"好呀，事不宜迟，我们明天就去。"陈子龙也正是这样的考虑的。

　　在水月庵中，那宁静的禅地，似乎让夏完淳神游到了另一空间。他心灵上所蒙受的创伤也得到了瞬息的慰抚。于是他在暮鼓声声中入眠，在晨钟清悦中苏醒。那时陈子龙早已坐在他的床沿上，微笑地看着他的睡脸，平添了几分爱怜之意，因为他深知夏完淳路途劳顿，应该多睡一会儿，不想叫醒他。

　　"呀，老师已经起床了，失礼，失礼！"夏完淳悠然醒来，揉揉惺忪的睡眼，急忙披衣下床，站在陈子龙面前。

　　"那我们赶快嗽洗早餐，进湖吧！"

　　分湖，位于太湖之南，烟波飘渺，景色朦胧，师生俩在一叶小舟上凝视着湖面上冉冉升起的晨雾，遥望濛濛的远山，诗人都有诗人的灵感和想象。可是此时此地，并不是借景抒情的时刻，因为他们急于要找到的是太湖义军，共商抗清事宜。

太湖深处，芦苇荡中，隐蔽着一支英勇义军，这是江南第一支抗清义军。曾攻克吴江县城，配合苏州之役。

当吴日生看到夏完淳俊秀聪慧，又是夏允彝的独子，既哀故人已逝，又喜故人之子来投。吴日生早已听说夏完淳少年早慧，不但熟读经史子集，又懂军事上的战略战术，这样的少年奇才，真是求之不得。因而就请夏完淳参与谋划军事策略。年少的夏完淳也是喜得其所，立即遵照父亲遗嘱，将他大部分的家产折成军饷，捐赠给太湖义军。吴日生感动地说："完淳，自你来以后，我军既得才又得饷，真是感激不尽。"

"不，这仅是尽了我的绵薄之力，更何况是家父殉国时的遗嘱。我们俩可说是'暗将亡国伤心事，诉与东流。诉与东流，万里长江一带愁'呀！我们是肝胆相照，命运与共！"

"好一个肝胆相照，命运与共！"吴日生激动地伸出双手紧握着夏完淳的双手，紧紧的，久久的。吴日生行事本来有些狂放不拘，但这一次却是那么的一身正气。

从此吴日生、夏完淳以机智灵活的战略战术，再加以陈子龙以他的人格魅力向各地义军广泛联络，于是湖内湖外两股兵力，里应外合，时出时没，使清军难以捉摸，无从应战。不得已竟用大军压境，切断了太湖义军内外的联络，湖内义军只能作战略上的撤退。吴日生和夏完淳所坐的小船也在风浪中覆没。但他俩还是在风浪中勇往直前地游去，最后终于脱离了险境，继续战斗。

吴日生和夏完淳召集散落的旧部，通过整休充实，又是一支精锐的义军。因而夏完淳斗志昂扬，并赋《即事》一首：

> 复楚情何极，亡秦气未平。
> 雄风清角劲，落日大旗明。
> 缟素酬家国，戈船决死生。
> 胡笳千古恨，一片月临城。

　　夏完淳在这片抗清复国，生死角斗的战场上，听到了雄风中传来清彻嘹亮的号角之声，看到了落日映战旗，更为鲜明壮丽。战士们身穿缟素誓与敌人决死生。又听到了远方的胡笳，吹出了历史上是是非非的千古恨，一轮月光照临着历史的见证古城墙。夏完淳的喜悦忧患都释放在这一首律诗之中。

　　太湖义军和清军相持在分湖，恶战、血战，义军大败清兵于分湖，"斩清将二十三员，杀敌军三千余人，缴获战船五百余艘"。这一仗，直打得"春草不绿，水流尽红"，太湖义军军威大振。夏完淳少年志高，喜不自禁，立刻写了一道奏章，呈与南明在绍兴监国的鲁王，并请鲁王坚持抗清到底。鲁王听说上书的是个少年，对他的奏章十分赏识，就授夏完淳为中书舍人（官名）。夏完淳除参谋太湖义军军事外，还经常驾一叶小舟从太湖出发，经苏州宝带桥，暗与鲁王方面人联系，还赋诗见志。

　　但是战斗有胜有负，吴日生计划打嘉善，清嘉善知县刘肃之自知不能力敌，只能智取，因此就采用比鸿门宴更为诡诈的阴谋，假装投降，邀吴日生赴宴。本就胸无城府的吴日生，毫不提防，就被刘肃之乘机逮捕，壮烈殉国。吴日生始于起义、终于殉国，大德未亏，大节昭然！

　　义军失败后，夏完淳从此脱离了军旅生涯。避居在岳父钱栴家中。但是他抗清复国的决心仍然坚定不移。为了表明不忘故国的心意，改名为复，内涵是光复祖国。那时，鲁王又追赠夏允彝右春坊右中允（官名），并给予祭扫礼葬的待遇，追谥文忠。夏完淳写了谢表，连同抗清复明志士数十人名册，交与专在海上往来通信联络的谢尧文，请他赴舟山呈给鲁王。在这一年里，夏完淳遵照父亲的遗嘱，写下《续幸存录》，反映了弘光朝的大事，总结了弘光朝的经验教训，见识卓越，例如他描述："南都之政，幅员愈小，则官愈大；郡县愈少，则官愈多；财赋愈贫，则官愈富。斯之谓三反。三反之政，乌乎不亡？"在这里，正是反映了夏完淳为了民族大义，明知不可为而为之的精神。

　　1647年春，来往于海上与南方联络的谢尧文，被清兵截捕，夏完淳的谢表与抗清志士的名单都落于敌手。陈子龙与夏完淳感到这次事态非常危险，就作了决死的思想准备。于是和陈子龙赶在清明时节，聚集众义士一起按鲁王的追封标准安葬了夏允彝，夏完淳跪倒在父亲墓前："爹，您嘱咐我的两件事都完成了，只等待着为国而死，来拜见您在天之灵。"接着又为吴日生筑了衣冠塚。并写下一首悼念诗《吴江野哭》：

　　　　茫茫沧海填精卫，寂寂空山哭杜鹃。
　　　　梦中细语曾闻得，苍黄不辨公颜色。

江上非无吊屈人，座中犹是悲田客①。

感激当年授命时，哭公清夜畏人知。

　　茫茫沧海上的精卫鸟，为了填海，是那么的执著；在寂寂的空山中，听那杜鹃的啼泣，又是这样的伤感。似乎听得梦中人的细语，朦胧中又不辨您的脸色。在汨罗江上时时都有吊念屈子的志士，满座还有为田横而悲叹。感激您对我的信任，但是午夜哭您还怕人知。

　　清廷得到了那张抗清志士的名单，他们就按图索骥，一一捕捉，陈子龙和夏完淳、钱栴等都在名单中，陈子龙被捕后，在押解途中，投水牺牲。

　　永历一年，顺治四年（公元1647年），夏完淳避居在嘉善岳父钱栴家中，决定返回松江探望母亲后，渡海至鲁王处再图抗清复国大举。谁知正当回家探亲时，就被清军捕获。清军为了要将夏完淳解往南京受审，就从松江沈泾塘取水道出发，船过细林山（即松江县佘山，或名辰山，陈子龙墓地，今已作为游览景点），夏完淳为悼念恩师，写下了《细林夜哭》的哀歌（摘句）：

　　细林山上夜乌啼，细林山下秋草齐。……相逢对哭天下事，酒酣睥睨意气清。去岁平陵鼓声死，与公同渡吴江水。今年梦断九峰云，旌旗犹映暮山紫。……黄鹄欲举六翮折，茫茫四海将安归！……我欲归来振羽翼，谁知一举

---

① 田客即田横：见《史记·田儋列传》

入罗弋！家世堪怜赵氏孤，到今竟作田横客。呜呼抚膺一声江云开，身在罗网且莫哀，公乎，公乎，为我筑室傍夜台，霜寒月苦行当来。

经过与清军无数回合战斗的胜负，夏完淳本想要如黄鹄一样振翅再飞，谁知又落入了敌人的罗网。但是身入罗网，也不自悲自叹，志士、诗人自有畅想的王国。"公乎，公乎，为我筑室傍夜台，霜寒月苦行当来"，和老师畅叙衷曲，煮酒论天下。师生情，战友心，正是天地正气中最凝重的一面。

夏完淳被押解到南京受审的路程再由青浦入运河，经苏州，在虎丘憨憨泉休息。恰遇"得朋会"（又名求社）的小友杜登春。杜登春站在远处，看见两个差役押着一个少年缓缓走来，他再走近一看，"夏完淳！"他惊叫一声。夏完淳也发现了他，为了怕连累杜登春，故意转过脸去。但杜登春却不顾不管地拉住了夏完淳的手：

"你！到哪儿去？"

"到南京去。"夏完淳故作轻松地说。

杜登春会意了，就走向差役："两位老哥哥，时间不早了，我们去喝酒吃饭吧！我和他在小时候一起玩的。"

到了饭店，两人相对无语，夏完淳想起往事，不禁感慨万千，只能要求差役要来纸笔，写下一首《虎丘遇子高》的律诗（子高是杜登春的字）：

竹马交情十五年，飘零湖海更谁怜。

知心独吊要离墓，亡命难寻少伯船。①

山鬼未回江上梦，楚囚一去草如烟。

高堂弱息凭君在，极目乡关思惘然。

夏完淳又拉着杜登春的手，意味深长地说：

"千言万语尽在此诗中。我这一去，如草似烟，有去无回。老母妻女托君照顾，遥远的故乡，只能留下一片惘然。"

"完淳。请放心，十五年的竹马情永志不忘，你的嘱托就是我的心愿。"杜登春痛哭流涕，更感到锥心蚀骨，但又无可奈何，只有一路跟随保护他的挚友。两位尚未成年的少年竟有如此的诀别！这是时代给予他们的苦难。

船到江宁，夏完淳望见隐隐的钟山，回首遥望故乡，渐行渐远。

别云间

三年羁旅客，今日又南冠。

无限河山泪，谁言天地宽。

已知泉路近，欲别故乡难。

毅魄归来日，灵旗空际看。

仅有十七年华，夏完淳就能自觉地担负着如此严肃的，有关祖国存亡的天职。经历了无数次的事变与考验，羁旅客、南冠囚，走近死亡，竟还有"毅魄归来日，灵旗空际看"的豪

---

① "少伯"，越国大夫、谋臣范蠡字少伯。

言壮志，不忘牺牲以后，也要化为毅魄，重回故乡，看那抗清大旗在空际飘扬，这真是南明史上不可磨灭的光辉。

夏完淳到了南京，就由投降清廷的明朝经略大臣洪承畴提审。洪承畴素知夏完淳是江南著名的神童，如能劝降，他不但可向清廷邀功，而且还可为自己遮羞。所以他以好言相劝：

"听说你曾上奏朱以海（鲁王）？"

"是的，没错。"夏完淳毫不讳言，更不畏惧。

"孩子懂得什么？小小年纪怎么可以带兵造反，误上贼船？只要你归顺清廷，前途无量。"

夏完淳听了，只感到无耻之极，令人作呕！但是他假装不知地说："我听说亨九（洪承畴字亨九）先生是本朝大臣，松山、杏山苦战，血溅沙场。我很钦佩他的忠烈，我年龄虽小，杀身成仁，岂可落后于人！"洪承畴听了，真是惭愧得答不上半句话语。左右差役真以为他不认识洪承畴，都说："小子胡说，洪大人就坐在堂上。"

夏完淳又故意高声说："亨九先生为国牺牲已经好久了，天下谁不知道？曾经御祭七次，天子亲临，泪流龙颜，群臣呜咽。你们是什么人，竟敢冒名顶替，玷污忠魂！"洪承畴被讽刺得无地自容，左右也面面相觑。待洪承畴缓过气来，才强打精神，喊一声"带下去"！而自己只落得自取其辱。

夏完淳身在狱中，面对死亡的威胁毫不在乎。他谈笑自若，乐观昂扬，依旧吟诗写文，例如《哀燕京》："风云江上钟山气，夜看牛斗伫中兴。"夏完淳明知来日不多，仍不忘祖国中兴。再如《土室余论》一文："呜呼，家仇未报，匡功未成。赍志重泉，流恨千古。今生已矣，来世为期。万岁千秋，不销义魄；九天八表，永厉英魂。"诗与文章的内涵，都突现了他生生世世光复国土的必胜信念，十七年华竟有如此坚不可摧的意志，真是中华民族儿女生生世世的脊梁。

夏完淳的岳父钱栴和陈子龙、夏完淳本是抗清复国的同路人。所以当吴日生兵败，夏完淳避居在岳父家，其中含有掩护的意义在。也因而钱栴和夏完淳同时被捕。在狱中，钱栴一度曾流露出软弱怕死的情绪。夏完淳就以民族大义激励他的岳父："当年，您与陈师子龙和完淳三人，同时歃血为盟，是江南举义旗的首创人，现在我和您慷慨同死，见陈师于地下，难道不是大丈夫的壮举吗！"随后夏完淳又写了一首《简半村先生》① 小诗，以勉励钱栴，最后两句是："英雄生死路，却似壮游时。"将人生生死，比作一次"壮游"，这是一个多么开阔、豪迈，又具有高度信仰的胸怀！正由于这样，才使钱栴保持了人生晚节。夏完淳在狱中的八十天，正是他十七年华中的"最后的八十天"，可是他没有悲哀，没有沮丧，仍以他的生花妙笔，激烈壮怀写下了无限高昂的诗歌，催人泪下的家书，例如《寄内》诗中，他殷殷叮咛他的人生伴侣钱秦篆："九原应待汝，珍重腹中儿。"当然夏完淳也关注着夏氏一脉生命的延续。又如《狱中上母书》："……慈母推干就湿，教礼习诗，十五年如一日；嫡母慈惠，千古所难……致慈君托迹于空门，生母寄生于别姓，一门漂泊，生不得相依，死不得相问……"一股孺慕之情洋溢在字里行间；又《遗夫人书》："三月结缡，便遭大变，而累淑女，相依外家。未尝以家门衰，微见颜色

---

① 夏完淳岳父钱栴别墅在半村，人称"半村先生"。"简"，书信意。

……贤淑和孝，千古所难。不幸至今吾又不得不死，吾死之后，夫人又不得不生……上养下育，托之谁乎？"肝肠寸断，又意义深远，字字句句都是以心写，用血写的。八十天的慷慨悲壮，缠绵悱恻的诗情都凝聚在《南冠草》一册诗集之中。

南明永历元年，顺治四年（公元 1647 年）九月十九日，夏完淳就义于南京西市，他的所谓罪名是：通海寇为外援，结湖泖为内应，秘具条陈奏疏，列荐文武官衔。当时就义志士有钱栴等二十余人，其中特别突出的是夏完淳，他年龄最小，却是神色自若，立而不跪，一种凛然的浩浩正气，感动了南京百姓，人人为他鸣咽；震慑了杀人如麻的刽子手，迟迟不敢向他举刀。而他竟一头冲向刽子手的刀尖。"噩梦十七年，报仇在来世。神游天地间，可以无愧矣！"（见《狱中上母书》）。人说忠孝不可两全，但仅有十七年华的夏完淳与他的父亲夏允彝先后殉国，却做到了忠孝两全。

夏完淳的遗体由挚友杜登春、表兄沈羽宵收敛，运回松江，下葬于松江昆冈乡荡口村夏允彝墓旁。

夏完淳父子的遗愿，经过了长达近三百年的风风雨雨，1911 年，辛亥革命的枪声，实现了夏氏父子驱逐鞑虏的愿望；1961 年由中华人民共和国国务院副总理陈毅同志亲笔题写了"夏允彝夏完淳父子之墓"的墓碑，在中华史册上又添加了历史与现代的光彩。虽然"腹中儿"早已夭折，但夏家精神永在。

夏完淳有《代乳集》、《玉樊堂集》、《夏内史集》、《续幸存录》、《南冠草》等遗作。这一些诗文华章正是熏陶当代青少年的最佳教科书。

夏完淳的爱国精神、乐观精神、战斗精神定会洋溢、融和在当代青少年中间，化为无限的精神力量。

（撰稿人　陆承曜）

附录1：

《明史·列传·第一百六十五》

夏允彝，字彝仲。弱冠举于乡，好古博学，工属文。是时东林讲席盛，苏州高才生张溥、杨廷枢等慕之，结文会名复社。允彝与同邑陈子龙、徐孚远、王光承等亦结几社相应和。崇祯十年，与子龙同成进士，授长乐知县，善决疑狱。他郡邑不能决者，上官多下长乐。居五年，邑大治。吏部尚书郑三俊举天下廉能知县七人，以允彝为首。帝召见，大臣方岳贡等力称其贤，将特擢。会丁母忧，未及用。

北都北都变闻，允彝走谒尚书史可法，与谋兴复。闻福王立，乃还。其年五月擢吏部考功司主事。疏请终制，不赴。御史徐复阳希要人旨，劾允彝及其同官文德翼居丧授职为非制，以两人皆东林也。两人实未尝赴官，无可罪。吏部尚书张捷遽议贬秩调用。

未几，南都失，彷徨山泽间，欲有所为。闻友人侯峒曾、黄淳耀、徐汧等皆死，乃以八月中赋绝命词，自投深渊以死。允彝死后两年，子完淳、兄之旭并以陈子龙狱词连及，亦死。

而同社徐孚远，举于乡，因松江破，遁入海，死于岛中。

附录2：

清·查继佐撰，《东山国语·国语补南· 夏完淳》（沈仲方笔）

云间有少年君子焉！夏完淳，字存古，吏部考功郎彝仲先生子也。垂髫时，一目数行，片言居要，几社父执诸公咸奇之，称为小友。初，陈卧子舆李舒章、宋辕文选明诗成集，独书完淳于后，其采择人物亦舆焉。一时盛推之。

年十三，将随父之任长乐，道经魏里，因谒见妇翁钱彦林。时四方多故，兵食交困，完淳启请曰："处今日时势，大人所阅何书？所重何事？"彦林方以童子视之，欲致答，仓促中未能持一论，但曰："吾舆君家阿翁所学略同。"

至乙酉，南都变，彝仲赴水死。时太湖兵起，完淳年十七耳，作表欲潜通海上连鲁王，为奸者所觉。北镇吴胜兆得其表，寝匿不出。吴本旧将，就降于北，颇怀旧，纵完淳去。完淳常私入太湖受盟而还，经过宝带桥，赋诗见志。时多窥伺避祸，以舟为家。岁暮，侨寓半村，即彦林别业，里中称彦林半村先生。

初，半村起一旅，完淳以父丧不舆。俄事败，半村逸去，幸免。丙戌，云间北镇吴胜兆志不忘旧，欲以兵起，恐失援，知陈卧子与半村密，隐通于完淳。完淳喜，往合卧子，约海上舟山黄斌卿以海师达吴淞，吴淞守者系胜兆腹心，乐内应。完淳日往来其间，故常在舟中。斌卿业与陈夏订期，将至淞，忽飓风大作，覆十余舟，斌卿几不免，退归。胜兆至期，置酒高会，宴诸文武优戏。酒半，起穿优服语众曰："此我明制服也！"首戴进贤，令众皆易服。复曰："用夏变夷，在此一刻。"同谋者已预备明制，易服拜见。中有府属明职北降者，反以为不可。胜兆怒，立杀二人。众惧，听约束。于是城中缙绅士庶皆踊跃因卧子、存古输情于胜兆。逾日，海师不至，闻斌卿覆舟之变。武弁中有北籍者，是夕不得已易服，原非本志，惧祸，诳言请事。胜兆已中战，问何事，曰："请密语。"入密室，猝起杀胜兆，举其首号于聚曰："苏州土督（满人都督土国宝）有密谕，令斩叛者。苏州大军即至矣。"众震骇，皆从满服。往索卧子，已逸去。

翼日，苏州水陆师并集，得胜兆义册，按册诛求。陈子龙居首，钱旃（彦林）、沈犹龙、章简、李待问、殷之骆、徐式毅、黄蜚、薛去疾、沈云生等与完淳而外，不甚详。时完淳同半村（钱栴）栖乡僻。完淳曰："窃恐不免。若死得其正，某素志也。"半村谋入海，将行，而兵及门。半村、完淳皆被执，赴南都，同锢一室。半村未免乞哀，且重行贿以祈脱。完淳怫然，以为不可，赋诗规之，其慷慨明义，生死一致，都人咸异之。及就讯，完淳抗言曰："为子死孝，为臣死忠，此吾辈分内事，书生但知节义，不计成败，亦又何说？"仍置之狱。时副总兵薛去疾就刑于吴门，笑曰："甚奇事！直如许哼喝！"延颈无难色。完淳闻之，叹曰："吾识薛公于泖中，以闻人而任武事，赋诗言志。今果然耶！"逾月，北部文至，咸战悚受刑。完淳独挺立冲刃死。

编后记

  《苏州历史名贤》（第三辑）在苏州市第五中学 120 周年校庆之际与大家见面了。感谢中共苏州市政协原副主席、苏州市传统文化研究会会长蔡镜浩教授为本书撰写了序言，原苏州市政协副主席、苏州传统文化研究会顾问范廷枢先生为本书题签，这给了我们编写者极大的鼓励。

  本书在原苏州市政协副主席、苏州市传统文化研究会会长蔡镜浩教授和苏州市第五中学校长郁松灿先生的策划和领导下，历时一年，顺利成书。自 2007 年苏州市传统文化研究会响应省市社科联"传统文化进校园"的号召，与苏州市第五中学结对子编写校本教材以来，这已是第三本书。本书一如既往秉承了既忠于史实，又兼顾可读性的编写原则，希望编写出中学生可读乐读的介绍苏州历史名贤的地方史读物。这套小书的编写原则旨在普及苏州的传统文化精华，让新一代中学生更加了解苏州，更加热爱苏州。在编写体例上我们还是分为两个专题，由苏州市第五中学教师负责编写的"风雅篇"褒扬的是唐代与苏州发生密切关系的几位诗人，特别是其中被苏州人称为"三贤"的韦应物、白居易、刘禹锡，他们都被供奉进了苏州的城隍庙；而由苏州市传统文化研究会编写的"丹心篇"则是上两册"丹心篇"的延续，继续唱响我们民族的正气歌，选择介绍的是明末清初的几位仁人志士——张溥、归庄、吴日生、陈子龙、夏允彝、夏完淳（父子合传）。诚如序言里所说，第三辑"丹心篇"中褒扬的几位先贤既是文人、学者，更是碧血洒长空的感天动地的英雄。他们的光辉事迹对后世无疑有着很好的垂范作用。

我们一贯以严肃认真的写作态度来对待这套通俗读物，但是限于学识，难免挂一漏万和有疏漏之误。我们希望得到行家的批评指正，得到读者的鉴定。我们这是为传统文化做的一次呐喊，希望有更多的回声，希望更多有心有力的朋友能加入进来为普及传统文化出一份力。

编委会
2012 年 9 月

图书在版编目（CIP）数据

苏州历史名贤．第3辑／陆承曜,张长霖主编．—北京：
群言出版社,2012.10

ISBN 978 - 7 - 80256 - 377 - 3

Ⅰ．①苏…　Ⅱ．①陆…　②张…　Ⅲ．①历史人物—生
平事迹—苏州市—青年读物②历史人物—生平事迹—苏州
市—少年读物　Ⅳ．①K820.853.3 - 49

中国版本图书馆 CIP 数据核字（2012）第 231432 号

出 版 人	范　芳
责任编辑	陈　佳　盛利君
装帧设计	群言艺术设计中心
出版发行	群言出版社（Qunyan Press）
地　　址	北京东城区东厂胡同北巷1号
邮政编码	100006
网　　站	**www.qypublish.com**
电子信箱	qunyancbs@126.com
总 编 办	010 - 65265404　65138815
编 辑 部	010 - 65276609　65262436
发 行 部	010 - 65263345　65220236
经　　销	全国新华书店
读者服务	010 - 65220236　65265404　65263345
法律顾问	中济律师事务所
印　　刷	北京画中画印刷有限公司
版　　次	2012 年 10 月第 1 版　2012 年 10 月第 1 次印刷
开　　本	880 × 1230mm　1/32
印　　张	7.25
字　　数	155 千字
书　　号	ISBN 978 - 7 - 80256 - 377 - 3
定　　价	22.00 元